Ivan Kouchnir

Économie du Gabon

Série "Economie dans les pays"

première publication: 2020
dernière mise à jour: 2020-02-24

Ivan Kouchnir. Économie du Gabon. Série "Economie dans les pays". - 2020. - 74 pages.

Ce livre sur l'économie du Gabon des années 1970 aux années 2010. Données source provenant de UN Data.

Taille. Dans les années 2010, le produit intérieur brut du Gabon s'élevait à 16,2 milliards de dollars par an; la valeur de l'agriculture était de 659,2 millions de dollars; la valeur de l'industrie de transformation était de 942,1 millions de dollars. Comme la part dans le monde était comprise entre 0,01% et 0,1%, le pays est classé une petite économie.

Productivité. Dans les années 2010, le PIB par habitant était de 8 684,2 dollars; l'agriculture par habitant était de 353,4 dollars; la fabrication par habitant était de 505,0 dollars. Étant donné que la productivité est comprise entre la moyenne inférieure à la moyenne et la moyenne, l'économie est classée comme en développement.

Croissance. Dans les années 2010, la croissance du produit intérieur brut était de 4,1%; la croissance de l'agriculture était de 6,4%; la croissance de la fabrication était de 6,4%.

Structure. Dans les années 2010, l'économie du Gabon était composée des secteurs suivants: industrie (43,2%), services (30,6%), construction (9,4%), commerce (6,8%), agriculture (5,5%), transport (4,5%).

Exportation et importation. Dans les années 2010, les exportations étaient supérieures de 85,9% aux importations, les exportations nettes représentant 24,5% du PIB. La structure technologique de l'exportation n'est pas meilleure que la structure de l'importation.

Consommation et reproduction. L'attitude de la reproduction à l'égard de la consommation est meilleure que la moyenne mondiale, de sorte que la part du PIB dans le monde augmentera.

parallel.page.link/fr

ISBN: 9798613752591

Contenu

Partie I. Taille

	Les années 2010
PIB	16,2 milliards de dollars
Partager dans le monde	0,021%
Partager en Afrique	0,71%
Partager en Afrique centrale	6,6%

Chapitre I. Produit intérieur brut

Le PIB du Gabon est passé de 2,1 milliards de dollars dans les années 1970 à 16,2 milliards de dollars par an dans les années 2010, soit une augmentation de 14,1 milliards de dollars ou de 7,6 fois. La variation a été de 11,7 milliards de dollars en raison de l'augmentation de 3,6 fois des prix, et de -1,7 milliards de dollars en raison de la baisse de productivité de 0,73 fois, et de 4,0 milliards de dollars en raison de la croissance démographique. La croissance annuelle moyenne du produit intérieur brut était de 3,1%. Le produit intérieur brut minimum était de 409,9 millions de dollars en 1970. Le produit intérieur brut maximum était de 18,2 milliards de dollars en 2011.

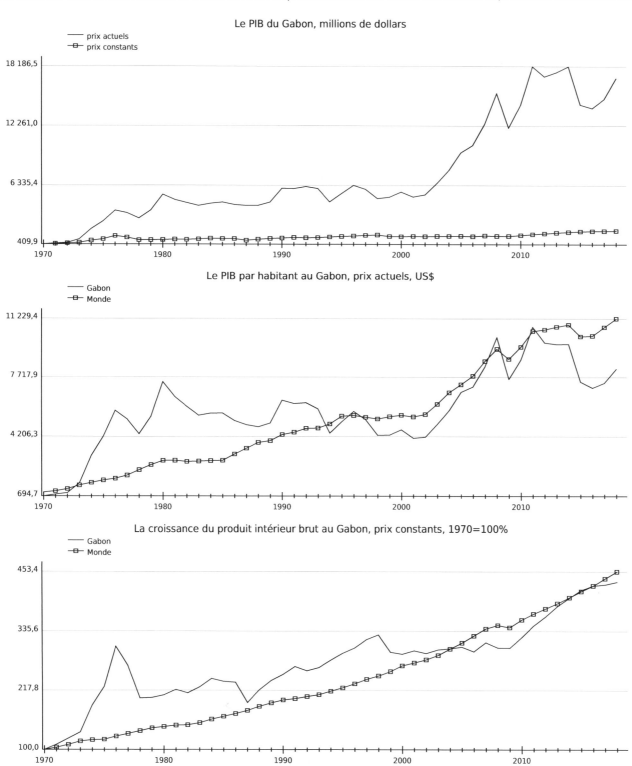

Les années 1970

Le PIB du Gabon était de 2,1 milliards de dollars par an dans les années 1970, au 95ème rang mondial à égalité avec le Nicaragua (2,1 milliards de dollars), la Bolivie (2,1 milliards de dollars). La part dans le monde était de 0,033% et de 0,80% en Afrique.

Le PIB du Gabon était constitué de la formation de capital (51,1%), des dépenses de consommation des ménages (22,2%) et des dépenses publiques (16,5%).

Le produit intérieur brut par habitant au Gabon s'élevait à 3290.3 dollars dans les années 1970, au 40ème rang mondial. Le PIB par habitant au Gabon était plus que le PIB par habitant dans le monde (1 620,7 US$) de 2,0 fois, et plus de 5,1 fois supérieur au PIB par habitant en Afrique (643,0 US$).

La croissance du produit intérieur brut au Gabon était de 8.2% dans les années 1970, se situant au 22ème rang mondial. La croissance du produit intérieur brut au Gabon (8,2%) était supérieure à celle du PIB dans le monde (4,1%), et supérieure à celle du produit intérieur brut en Afrique (4,5%).

Comparaison avec les voisins. Le PIB du Gabon était supérieure à celle de la république du Congo (666,1 millions de dollars) et de la Guinée équatoriale (32,6 millions de dollars); mais inférieure à celle du Cameroun (3,6 milliards de dollars). Le produit intérieur brut par habitant au Gabon était supérieure à celle du Cameroun (492,6 de dollars), du Congo (424,2 de dollars) et de la Guinée équatoriale (121,0 de dollars). La croissance du produit intérieur brut au Gabon était supérieure à celle du Cameroun (5,8%), du Congo (4,6%) et de la Guinée équatoriale (2,2%).

Comparaison avec les leaders. Le produit intérieur brut du Gabon était inférieure à celle des États-Unis (1,7 billions de dollars), de l'URSS (649,4 milliards de dollars), du Japon (558,0 milliards de dollars), de l'Allemagne (484,2 milliards de dollars) et de la France (333,2 milliards de dollars). Le PIB par habitant au Gabon était supérieure à celle de l'URSS (2 573,1 de dollars); mais inférieure à celle des États-Unis (7 833,9 de dollars), de la France (6 187,9 de dollars), de l'Allemagne (6 148,4 de dollars) et du Japon (5 010,9 de dollars). La croissance du PIB au Gabon était supérieure à celle de l'URSS (4,8%), du Japon (4,6%), de la France (3,9%), des États-Unis (3,5%) et de l'Allemagne (3,1%).

Les années 1980

Le PIB du Gabon était de 4,6 milliards de dollars par an dans les années 1980, au 92ème rang mondial à égalité avec le Sénégal (4,7 milliards de dollars). La part dans le monde était de 0,030% et de 0,85% en Afrique.

Le PIB du Gabon était constitué de la formation de capital (34,1%), des dépenses de consommation des ménages (28,8%) et des dépenses publiques (22,7%).

Le produit intérieur brut par habitant au Gabon s'élevait à 5588.7 dollars dans les années 1980, au 49ème rang mondial à égalité avec Macao (5 477,8 de dollars), la Barbade (5 731,0 de dollars). Le PIB par habitant au Gabon était plus que le PIB par habitant dans le monde (3 121,8 US$) de 79,0%, et plus de 5,7 fois supérieur au produit intérieur brut par habitant en Afrique (985,5 US$).

La croissance du PIB au Gabon était de 1.5% dans les années 1980, se situant au 139ème rang mondial. La croissance du PIB au Gabon (1,5%) était inférieure à celle du produit intérieur brut dans le monde (3,0%), et inférieure à celle du PIB en Afrique (1,9%).

Comparaison avec les voisins. Le PIB du Gabon était supérieure à celle de la république du Congo (2,3 milliards de dollars) et de la Guinée équatoriale (93,5 millions de dollars); mais inférieure à celle du Cameroun (10,7 milliards de dollars). Le produit intérieur brut par habitant au Gabon était supérieure à celle de la république du Congo (1 086,4 de dollars), du Cameroun (1 075,6 de dollars) et de la Guinée équatoriale (274,3 de dollars). La croissance du produit intérieur brut au Gabon était inférieure à celle de la république du Congo (6,2%), de la Guinée équatoriale (3,4%) et du Cameroun (2,6%).

Comparaison avec les leaders. Le produit intérieur brut du Gabon était inférieure à celle des États-Unis (4,2 billions de dollars), du Japon (1,8 billions de dollars), de l'Allemagne (990,0 milliards de dollars), de l'URSS (887,0 milliards de dollars) et de la France (729,5 milliards de dollars). Le PIB par habitant au Gabon était supérieure à celle de l'URSS (3 219,9 de dollars); mais inférieure à celle des États-Unis (17 403,1 de dollars), du Japon (14 969,6 de dollars), de la France (12 866,0 de dollars) et de l'Allemagne (12 684,0 de dollars). La croissance du PIB au Gabon était inférieure à celle de l'URSS (4,3%), du Japon (4,3%), des États-Unis (3,1%), de la France (2,3%) et de l'Allemagne (1,9%).

Les années 1990

Le produit intérieur brut du Gabon était de 5,7 milliards de dollars par an dans les années 1990, se situant au 110ème rang mondial à égalité avec Macao (5,8 milliards de dollars), les Bahamas (5,6 milliards de dollars), l'Ouganda (5,8 milliards de dollars). La part dans le monde était de 0,020% et de 0,97% en Afrique.

Le PIB du Gabon était constitué des dépenses de consommation des ménages (36,2%), de la formation de capital (22,9%) et des dépenses publiques (18,8%).

Le PIB par habitant au Gabon s'élevait à 5302 dollars dans les années 1990, au 63ème rang mondial à égalité avec les îles Cook (5 189,7 de dollars). Le PIB par habitant au Gabon était plus que le PIB par habitant dans le monde (5 014,2 US$) de 5,7%, et plus de 6,4 fois supérieur au produit intérieur brut par habitant en Afrique (825,3 US$).

La croissance du produit intérieur brut au Gabon était de 2.1% dans les années 1990, au 129ème rang mondial à égalité avec la Nouvelle-Calédonie (2,1%), l'Allemagne (2,2%). La croissance du produit intérieur brut au Gabon (2,1%) était inférieure à celle du PIB dans le monde (2,8%), et inférieure à celle du produit intérieur brut en Afrique (2,4%).

Comparaison avec les voisins. Le PIB du Gabon était supérieure à celle de la république du Congo (2,6 milliards de dollars) et de la Guinée équatoriale (358,3 millions de dollars); mais inférieure à celle du Cameroun (11,0 milliards de dollars). Le PIB par habitant au Gabon était supérieure à celle de la république du Congo (926,5 de dollars), du Cameroun (827,2 de dollars) et de la Guinée équatoriale (715,1 de dollars). La croissance du produit intérieur brut au Gabon était supérieure à celle de la république du Congo (0,79%) et du Cameroun (0,70%); mais inférieure à celle de la Guinée équatoriale (19,5%).

Comparaison avec les leaders. Le PIB du Gabon était inférieure à celle des États-Unis (7,6 billions de dollars), du Japon (4,3 billions de dollars), de l'Allemagne (2,2 billions de dollars), de la France (1,4 billions de dollars) et du Royaume-Uni (1,3 billions de dollars). Le produit intérieur brut par habitant au Gabon était inférieure à celle du Japon (34 322,2 de dollars), des États-Unis (28 606,7 de dollars), de l'Allemagne (26 973,6 de dollars), de la France (23 923,8 de dollars) et du Royaume-Uni (22 902,5 de dollars). La croissance du produit intérieur brut au Gabon était supérieure à celle de la France (2,0%) et du Japon (1,5%); mais inférieure à celle des États-Unis (3,2%), du Royaume-Uni (2,3%) et de l'Allemagne (2,2%).

Les années 2000

Le PIB du Gabon était de 9,1 milliards de dollars par an dans les années 2000, au 117ème rang mondial à égalité avec la Zambie (9,1 milliards de dollars). La part dans le monde était de 0,019% et de 0,81% en Afrique.

Le produit intérieur brut du Gabon était constitué des dépenses de consommation des ménages (31,9%), de la formation de capital (24,6%) et des dépenses publiques (14,2%).

Le produit intérieur brut par habitant au Gabon s'élevait à 6497.1 dollars dans les années 2000, au 78ème rang mondial à égalité avec le Venezuela (6 529,1 de dollars), l'Amérique centrale (6 535,7 de dollars), la Grenade (6 339,6 de dollars). Le PIB par habitant au Gabon était moins que le produit intérieur brut par habitant dans le monde (7 172,9 US$) de 9,4%, et plus de 5,3 fois supérieur au PIB par habitant en Afrique (1 216,9 US$).

La croissance du produit intérieur brut au Gabon était de 0.3% dans les années 2000, au 204ème rang mondial. La croissance du PIB au Gabon (0,29%) était inférieure à celle du produit intérieur brut dans le monde (3,0%), et inférieure à celle du PIB en Afrique (5,3%).

Comparaison avec les voisins. Le PIB du Gabon était supérieure à celle de la Guinée équatoriale (8,2 milliards de dollars) et du Congo (6,2 milliards de dollars); mais inférieure à celle du Cameroun (17,6 milliards de dollars). Le produit intérieur brut par habitant au Gabon était supérieure à celle du Congo (1 682,9 de dollars) et du Cameroun (1 020,7 de dollars); mais inférieure à celle de la Guinée équatoriale (10 966,4 de dollars). La croissance du produit intérieur brut au Gabon était inférieure à celle de la Guinée équatoriale (17,6%), de la république du Congo (5,2%) et du Cameroun (3,9%).

Comparaison avec les leaders. Le PIB du Gabon était inférieure à celle des États-Unis (12,6 billions de dollars), du Japon (4,7 billions de dollars), de l'Allemagne (2,8 billions de dollars), de la Chine (2,6 billions de dollars) et du Royaume-Uni (2,3 billions de dollars). Le PIB par habitant au Gabon était supérieure à celle de la Chine (1 967,3 de dollars); mais inférieure à celle des États-Unis (42 826,8 de dollars), du Royaume-Uni (38 462,8 de dollars), du Japon (36 383,6 de dollars) et de l'Allemagne (33 936,7 de dollars). La croissance du produit intérieur brut au Gabon était inférieure à celle de la Chine (10,3%), des États-Unis (1,9%), du Royaume-Uni (1,8%), de l'Allemagne (0,73%) et du Japon (0,50%).

Les années 2010

Le PIB du Gabon était de 16,2 milliards de dollars par an dans les années 2010, au 120ème rang mondial à égalité avec la Corée du Nord (16,4 milliards de dollars), la Géorgie (15,8 milliards de dollars). La part dans le monde était de 0,021% et de 0,71% en Afrique.

Le produit intérieur brut du Gabon était constitué des dépenses de consommation des ménages (34,3%), de la formation de capital (27,6%) et des dépenses publiques (13,7%).

Le produit intérieur brut par habitant au Gabon s'élevait à 8684.2 dollars dans les années 2010, se situant au 92ème rang mondial à égalité avec le Liban (8 797,0 de dollars), la Grenade (8 829,3 de dollars). Le PIB par habitant au Gabon était moins que le produit intérieur brut par habitant dans le monde (10 494,6 US$) de 17,3%, et plus de 4,4 fois supérieur au PIB par habitant en Afrique (1 966,0 US$).

La croissance du PIB au Gabon était de 4.1% dans les années 2010, se situant au 72ème rang mondial à égalité avec le Nicaragua (4,1%), l'Arménie (4,1%), la Guinée-Bissau (4,1%). La croissance du produit intérieur brut au Gabon (4,1%) était supérieure à celle du PIB dans le monde (3,1%), et supérieure à celle du PIB en Afrique (3,0%).

Comparaison avec les voisins. Le PIB du Gabon était 11,5% supérieure à celui de la république du Congo (14,5 milliards de dollars); mais 49,6% inférieure à celui du Cameroun (32,1 milliards de dollars) et 5,3% inférieure à celui de la Guinée équatoriale (17,1 milliards de dollars). Le PIB par habitant au Gabon était 2,9 fois supérieure à celui de la république du Congo (2 976,6 de dollars) et 6,0 fois supérieure à celui du Cameroun (1 442,2 de dollars); mais 42,6% inférieure à celui de la Guinée équatoriale (15 131,8 de dollars). La croissance du PIB au Gabon était supérieure à celle de la république du Congo (1,3%) et de la Guinée équatoriale (-2,8%); mais inférieure à celle du Cameroun (4,6%).

Comparaison avec les leaders. Le PIB du Gabon était 1 084,2 fois inférieure à celui des États-Unis (17,6 billions de dollars), 617,8 fois inférieure à celui de la Chine (10,0 billions de dollars), 323,8 fois inférieure à celui du Japon (5,2 billions de dollars), 224,5 fois inférieure à celui de l'Allemagne (3,6 billions de dollars) et 170,3 fois inférieure à celui du Royaume-Uni (2,8 billions de dollars). Le produit intérieur brut par habitant au Gabon était 20,5% supérieure à celui de la Chine (7 206,8 de dollars); mais 6,4 fois inférieure à celui des États-Unis (55 281,2 de dollars), 5,1 fois inférieure à celui de l'Allemagne (44 607,4 de dollars), 4,9 fois inférieure à celui du Royaume-Uni (42 453,1 de dollars) et 4,7 fois inférieure à celui du Japon (40 972,2 de dollars). La croissance du PIB au Gabon était supérieure à celle des États-Unis (2,3%), de l'Allemagne (2,1%), du Royaume-Uni (1,9%) et du Japon (1,4%); mais inférieure à celle de la Chine (7,8%).

Chapitre II. Valeur ajoutée

La valeur ajoutée du Gabon est passé de 2,0 milliards de dollars dans les années 1970 à 15,1 milliards de dollars par an dans les années 2010, soit une augmentation de 13,1 milliards de dollars ou de 7,5 fois. La variation a été de 11,1 milliards de dollars en raison de l'augmentation de 3,8 fois des prix, et de -1,9 milliards de dollars en raison de la baisse de productivité de 0,68 fois, et de 3,8 milliards de dollars en raison de la croissance démographique. La croissance annuelle moyenne de la valeur ajoutée était de 3,0%. La valeur ajoutée minimum était de 330,1 millions de dollars en 1970. La valeur ajoutée maximum était de 17,0 milliards de dollars en 2011.

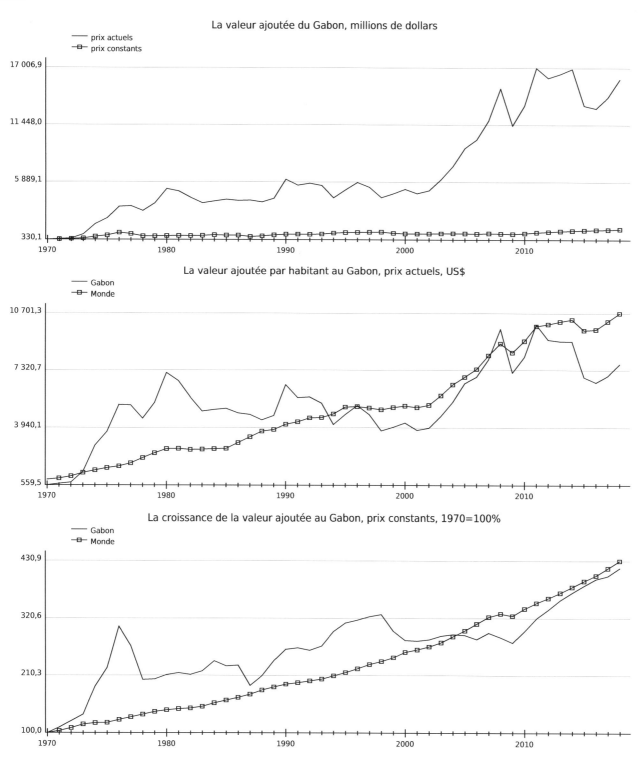

La valeur ajoutée du Gabon, millions de dollars

La valeur ajoutée par habitant au Gabon, prix actuels, US$

La croissance de la valeur ajoutée au Gabon, prix constants, 1970=100%

Les années 1970

La valeur ajoutée du Gabon était de 2,0 milliards de dollars par an dans les années 1970, au 99ème rang mondial à égalité avec la Bolivie (2,1 milliards de dollars). La part dans le monde était de 0,032% et de 0,80% en Afrique.

La valeur ajoutée totale du Gabon était constituée de: industrie (43,2%), services (30,6%), construction (9,4%), commerce (6,8%), agriculture (5,5%), transport (4,5%).

La valeur ajoutée par habitant au Gabon s'élevait à 3135.7 dollars dans les années 1970, se situant au 41ème rang mondial. La valeur ajoutée par habitant au Gabon était plus que la valeur ajoutée par habitant dans le monde (1 564,1 US$) de 2,0 fois, et plus de 5,1 fois supérieur au valeur ajoutée par habitant en Afrique (614,1 US$).

La croissance de la valeur ajoutée au Gabon était de 8.2% dans les années 1970, se situant au 22ème rang mondial à égalité avec le Paraguay (8,2%). La croissance de la valeur ajoutée au Gabon (8,2%) était supérieure à celle de la valeur ajoutée dans le monde (3,9%), et supérieure à celle de la valeur ajoutée en Afrique (4,7%).

Comparaison avec les voisins. La valeur ajoutée du Gabon était supérieure à celle de la république du Congo (829,0 millions de dollars) et de la Guinée équatoriale (30,7 millions de dollars); mais inférieure à celle du Cameroun (3,5 milliards de dollars). La valeur ajoutée par habitant au Gabon était supérieure à celle du Congo (528,0 de dollars), du Cameroun (472,7 de dollars) et de la Guinée équatoriale (113,7 de dollars). La croissance de la valeur ajoutée au Gabon était supérieure à celle du Congo (7,2%), du Cameroun (5,8%) et de la Guinée équatoriale (2,2%).

Comparaison avec les leaders. La valeur ajoutée du Gabon était inférieure à celle des États-Unis (1,7 billions de dollars), de l'URSS (649,4 milliards de dollars), du Japon (545,3 milliards de dollars), de l'Allemagne (444,9 milliards de dollars) et de la France (297,3 milliards de dollars). La valeur ajoutée par habitant au Gabon était supérieure à celle de l'URSS (2 573,1 de dollars); mais inférieure à celle des États-Unis (7 763,2 de dollars), de l'Allemagne (5 649,8 de dollars), de la France (5 520,3 de dollars) et du Japon (4 897,1 de dollars). La croissance de la valeur ajoutée au Gabon était supérieure à celle du Japon (4,9%), de l'URSS (4,8%), de la France (3,7%), de l'Allemagne (3,1%) et des États-Unis (2,9%).

Les années 1980

La valeur ajoutée du Gabon était de 4,3 milliards de dollars par an dans les années 1980, au 96ème rang mondial à égalité avec le Brunei (4,3 milliards de dollars), le Honduras (4,2 milliards de dollars), le Sénégal (4,4 milliards de dollars). La part dans le monde était de 0,030% et de 0,84% en Afrique.

La valeur ajoutée totale du Gabon était constituée de: industrie (44,4%), services (31,3%), commerce (7,3%), transport (6,4%), agriculture (6,1%), construction (4,5%).

La valeur ajoutée par habitant au Gabon s'élevait à 5250.8 dollars dans les années 1980, se situant au 51ème rang mondial à égalité avec Nauru (5 304,9 de dollars). La valeur ajoutée par habitant au Gabon était plus que la valeur ajoutée par habitant dans le monde (3 026,6 US$) de 73,5%, et plus de 5,6 fois supérieur au valeur ajoutée par habitant en Afrique (941,3 US$).

La croissance de la valeur ajoutée au Gabon était de 1.6% dans les années 1980, se situant au 141ème rang mondial. La croissance de la valeur ajoutée au Gabon (1,6%) était inférieure à celle de la valeur ajoutée dans le monde (2,9%), et supérieure à celle de la valeur ajoutée en Afrique (1,6%).

Comparaison avec les voisins. La valeur ajoutée du Gabon était supérieure à celle de la république du Congo (2,7 milliards de dollars) et de la Guinée équatoriale (88,0 millions de dollars); mais inférieure à celle du Cameroun (10,3 milliards de dollars). La valeur ajoutée par habitant au Gabon était supérieure à celle du Congo (1 269,8 de dollars), du Cameroun (1 034,2 de dollars) et de la Guinée équatoriale (258,1 de dollars). La croissance de la valeur ajoutée au Gabon était inférieure à celle de la république du Congo (7,4%), de la Guinée équatoriale (3,6%) et du Cameroun (2,7%).

Comparaison avec les leaders. La valeur ajoutée du Gabon était inférieure à celle des États-Unis (4,2 billions de dollars), du Japon (1,8 billions de dollars), de l'Allemagne (907,0 milliards de dollars), de l'URSS (887,0 milliards de dollars) et de la France (650,9 milliards de dollars). La valeur ajoutée par habitant au Gabon était supérieure à celle de l'URSS (3 219,9 de dollars); mais inférieure à celle des États-Unis (17 415,9 de dollars), du Japon (14 838,3 de dollars), de l'Allemagne (11 620,0 de dollars) et de la France (11 479,2 de dollars). La croissance de la valeur ajoutée au Gabon était inférieure à celle de l'URSS (4,3%), du Japon (4,2%), des États-Unis (2,8%), de la France (2,2%) et de l'Allemagne (2,0%).

Les années 1990

La valeur ajoutée du Gabon était de 5,3 milliards de dollars par an dans les années 1990, au 110ème rang mondial à égalité avec les Bahamas (5,2 milliards de dollars). La part dans le monde était de 0,019% et de 0,94% en Afrique.

La valeur ajoutée totale du Gabon était constituée de: industrie (46,0%), services (27,0%), commerce (8,7%), transport (7,6%), agriculture (7,0%), construction (3,7%).

La valeur ajoutée par habitant au Gabon s'élevait à 4926 dollars dans les années 1990, au 63ème rang mondial. La valeur ajoutée par habitant au Gabon était plus que la valeur ajoutée par habitant dans le monde (4 793,1 US$) de 2,8%, et plus de 6,3 fois supérieur au valeur ajoutée par habitant en Afrique (786,5 US$).

La croissance de la valeur ajoutée au Gabon était de 2.2% dans les années 1990, se situant au 127ème rang mondial à égalité avec les Caraïbes (2,1%), la Belgique (2,1%). La croissance de la valeur ajoutée au Gabon (2,2%) était inférieure à celle de la valeur ajoutée dans le monde (2,7%), et inférieure à celle de la valeur ajoutée en Afrique (2,3%).

Comparaison avec les voisins. La valeur ajoutée du Gabon était supérieure à celle du Congo (3,1 milliards de dollars) et de la Guinée équatoriale (337,2 millions de dollars); mais inférieure à celle du Cameroun (10,5 milliards de dollars). La valeur ajoutée par habitant au Gabon était supérieure à celle du Congo (1 121,9 de dollars), du Cameroun (791,0 de dollars) et de la Guinée équatoriale (672,9 de dollars). La croissance de la valeur ajoutée au Gabon était supérieure à celle du Cameroun (0,57%); mais inférieure à celle de la Guinée équatoriale (17,2%) et de la république du Congo (2,4%).

Comparaison avec les leaders. La valeur ajoutée du Gabon était inférieure à celle des États-Unis (7,6 billions de dollars), du Japon (4,3 billions de dollars), de l'Allemagne (2,0 billions de dollars), de la France (1,3 billions de dollars) et du Royaume-Uni (1,2 billions de dollars). La valeur ajoutée par habitant au Gabon était inférieure à celle du Japon (34 187,9 de dollars), des États-Unis (28 558,6 de dollars), de l'Allemagne (24 456,7 de dollars), de la France (21 429,4 de dollars) et du Royaume-Uni (21 387,9 de dollars). La croissance de la valeur ajoutée au Gabon était supérieure à celle de l'Allemagne (2,1%), de la France (1,8%) et du Japon (1,8%); mais inférieure à celle des États-Unis (2,8%) et du Royaume-Uni (2,4%).

Les années 2000

La valeur ajoutée du Gabon était de 8,6 milliards de dollars par an dans les années 2000, se situant au 117ème rang mondial à égalité avec la Zambie (8,6 milliards de dollars), les Bahamas (8,8 milliards de dollars). La part dans le monde était de 0,019% et de 0,81% en Afrique.

La valeur ajoutée totale du Gabon était constituée de: industrie (55,9%), services (24,6%), commerce (5,9%), transport (5,4%), agriculture (5,3%), construction (2,9%).

La valeur ajoutée par habitant au Gabon s'élevait à 6169.7 dollars dans les années 2000, au 77ème rang mondial à égalité avec le Venezuela (6 208,6 de dollars), l'Amérique centrale (6 248,8 de dollars). La valeur ajoutée par habitant au Gabon était moins que la valeur ajoutée par habitant dans le monde (6 814,2 US$) de 9,5%, et plus de 5,3 fois supérieur au valeur ajoutée par habitant en Afrique (1 154,9 US$).

La croissance de la valeur ajoutée au Gabon était de -0.8% dans les années 2000, au 207ème rang mondial. La croissance de la valeur ajoutée au Gabon (-0,78%) était inférieure à celle de la valeur ajoutée dans le monde (2,9%), et inférieure à celle de la valeur ajoutée en Afrique (5,1%).

Comparaison avec les voisins. La valeur ajoutée du Gabon était supérieure à celle de la Guinée équatoriale (8,2 milliards de dollars) et de la république du Congo (6,2 milliards de dollars); mais inférieure à celle du Cameroun (16,3 milliards de dollars). La valeur ajoutée par habitant au Gabon était supérieure à celle de la république du Congo (1 687,2 de dollars) et du Cameroun (945,9 de dollars); mais inférieure à celle de la Guinée équatoriale (11 000,4 de dollars). La croissance de la valeur ajoutée au Gabon était inférieure à celle de la Guinée équatoriale (17,4%), du Cameroun (4,3%) et de la république du Congo (3,3%).

Comparaison avec les leaders. La valeur ajoutée du Gabon était inférieure à celle des États-Unis (12,6 billions de dollars), du Japon (4,7 billions de dollars), de la Chine (2,6 billions de dollars), de l'Allemagne (2,5 billions de dollars) et du Royaume-Uni (2,1 billions de dollars). La valeur ajoutée par habitant au Gabon était supérieure à celle de la Chine (1 967,3 de dollars); mais inférieure à celle des États-Unis (42 826,4 de dollars), du Japon (36 380,4 de dollars), du Royaume-Uni (34 673,8 de dollars) et de l'Allemagne (30 604,5 de dollars). La croissance de la valeur ajoutée au Gabon était inférieure à celle de la Chine (10,2%), du Royaume-Uni (1,8%), des

États-Unis (1,7%), de l'Allemagne (0,64%) et du Japon (0,27%).

Les années 2010

La valeur ajoutée du Gabon était de 15,1 milliards de dollars par an dans les années 2010, se situant au 121ème rang mondial à égalité avec la Bosnie-Herzégovine (15,2 milliards de dollars), le Brunei (15,4 milliards de dollars). La part dans le monde était de 0,021% et de 0,69% en Afrique.

La valeur ajoutée totale du Gabon était constituée de: industrie (50,5%), services (28,3%), construction (5,8%), transport (5,8%), commerce (5,3%), agriculture (4,4%).

La valeur ajoutée par habitant au Gabon s'élevait à 8099.7 dollars dans les années 2010, au 90ème rang mondial à égalité avec le Liban (8 154,8 de dollars), les Maldives (8 164,0 de dollars), Sainte-Lucie (7 951,4 de dollars). La valeur ajoutée par habitant au Gabon était moins que la valeur ajoutée par habitant dans le monde (9 985,3 US$) de 18,9%, et plus de 4,3 fois supérieur au valeur ajoutée par habitant en Afrique (1 873,6 US$).

La croissance de la valeur ajoutée au Gabon était de 4.8% dans les années 2010, se situant au 50ème rang mondial à égalité avec le Sénégal (4,8%), la Bolivie (4,8%), la Zambie (4,8%). La croissance de la valeur ajoutée au Gabon (4,8%) était supérieure à celle de la valeur ajoutée dans le monde (3,2%), et supérieure à celle de la valeur ajoutée en Afrique (3,0%).

Comparaison avec les voisins. La valeur ajoutée du Gabon était 9,0% supérieure à celui de la république du Congo (13,9 milliards de dollars); mais 49,3% inférieure à celui du Cameroun (29,8 milliards de dollars) et 12,2% inférieure à celui de la Guinée équatoriale (17,2 milliards de dollars). La valeur ajoutée par habitant au Gabon était 2,9 fois supérieure à celui de la république du Congo (2 840,0 de dollars) et 6,1 fois supérieure à celui du Cameroun (1 338,5 de dollars); mais 46,8% inférieure à celui de la Guinée équatoriale (15 225,5 de dollars). La croissance de la valeur ajoutée au Gabon était supérieure à celle du Cameroun (4,4%), de la république du Congo (1,6%) et de la Guinée équatoriale (-2,8%).

Comparaison avec les leaders. La valeur ajoutée du Gabon était 1 162,4 fois inférieure à celui des États-Unis (17,6 billions de dollars), 662,4 fois inférieure à celui de la Chine (10,0 billions de dollars), 345,3 fois inférieure à celui du Japon (5,2 billions de dollars), 216,5 fois inférieure à celui de l'Allemagne (3,3 billions de dollars) et 163,0 fois inférieure à celui du Royaume-Uni (2,5 billions de dollars). La valeur ajoutée par habitant au Gabon était 12,4% supérieure à celui de la Chine (7 206,8 de dollars); mais 6,8 fois inférieure à celui des États-Unis (55 281,1 de dollars), 5,0 fois inférieure à celui du Japon (40 750,5 de dollars), 5,0 fois inférieure à celui de l'Allemagne (40 125,9 de dollars) et 4,7 fois inférieure à celui du Royaume-Uni (37 905,5 de dollars). La croissance de la valeur ajoutée au Gabon était supérieure à celle des États-Unis (2,2%), de l'Allemagne (2,1%), du Royaume-Uni (2,0%) et du Japon (1,3%); mais inférieure à celle de la Chine (7,8%).

Chapitre III. Revenu national brut

Le revenu national brut du Gabon est passé de 2,0 milliards de dollars dans les années 1970 à 14,7 milliards de dollars par an dans les années 2010, soit une augmentation de 12,8 milliards de dollars ou de 7,6 fois. La variation a été de 10,7 milliards de dollars en raison de l'augmentation de 3,6 fois des prix, et de -1,6 milliards de dollars en raison de la baisse de productivité de 0,72 fois, et de 3,7 milliards de dollars en raison de la croissance démographique. La croissance annuelle moyenne du revenu national brut était de 3,1%. Le RNB minimum était de 388,8 millions de dollars en 1970. Le revenu national brut maximum était de 16,9 milliards de dollars en 2011.

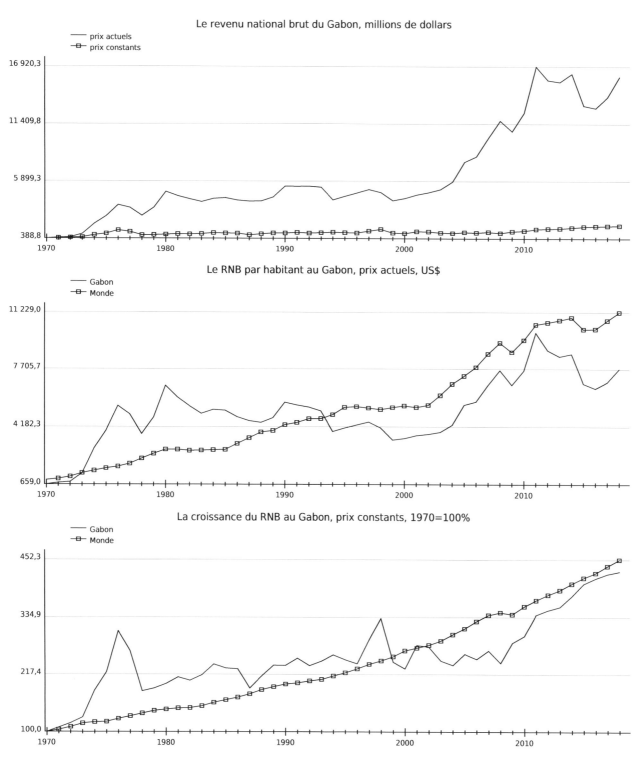

Le revenu national brut du Gabon, millions de dollars

Le RNB par habitant au Gabon, prix actuels, US$

La croissance du RNB au Gabon, prix constants, 1970=100%

Les années 1970

Le revenu national brut du Gabon était de 2,0 milliards de dollars par an dans les années 1970, se situant au 96ème rang mondial à égalité avec la Papouasie-Nouvelle-Guinée (2,0 milliards de dollars). La part dans le monde était de 0,030% et de 0,75% en Afrique.

Le RNB par habitant au Gabon s'élevait à 3017.1 dollars dans les années 1970, au 42ème rang mondial à égalité avec l'Europe du Sud (3 083,7 de dollars), l'Espagne (2 945,0 de dollars), l'Irlande (3 091,3 de dollars). Le RNB par habitant au Gabon était plus que le revenu national brut par habitant dans le monde (1 624,6 US$) de 85,7%, et plus de 4,8 fois supérieur au RNB par habitant en Afrique (627,6 US$).

La croissance du revenu national brut au Gabon était de 7.3% dans les années 1970, se situant au 32ème rang mondial à égalité avec l'Égypte (7,3%), Maurice (7,3%), l'Indonésie (7,4%). La croissance du revenu national brut au Gabon (7,3%) était supérieure à celle du RNB dans le monde (4,1%), et supérieure à celle du revenu national brut en Afrique (4,6%).

Comparaison avec les voisins. Le revenu national brut du Gabon était supérieure à celle de la république du Congo (632,2 millions de dollars) et de la Guinée équatoriale (32,8 millions de dollars); mais inférieure à celle du Cameroun (3,6 milliards de dollars). Le RNB par habitant au Gabon était supérieure à celle du Cameroun (488,9 de dollars), du Congo (402,6 de dollars) et de la Guinée équatoriale (121,4 de dollars). La croissance du RNB au Gabon était supérieure à celle du Cameroun (7,2%), de la république du Congo (3,6%) et de la Guinée équatoriale (2,2%).

Comparaison avec les leaders. Le RNB du Gabon était inférieure à celle des États-Unis (1,7 billions de dollars), de l'URSS (649,4 milliards de dollars), du Japon (558,5 milliards de dollars), de l'Allemagne (486,2 milliards de dollars) et de la France (334,3 milliards de dollars). Le revenu national brut par habitant au Gabon était supérieure à celle de l'URSS (2 573,1 de dollars); mais inférieure à celle des États-Unis (7 832,5 de dollars), de la France (6 208,0 de dollars), de l'Allemagne (6 173,9 de dollars) et du Japon (5 014,9 de dollars). La croissance du revenu national brut au Gabon était supérieure à celle de l'URSS (4,8%), du Japon (4,7%), de la France (3,9%), des États-Unis (3,5%) et de l'Allemagne (3,0%).

Les années 1980

Le revenu national brut du Gabon était de 4,2 milliards de dollars par an dans les années 1980, se situant au 94ème rang mondial à égalité avec le Brunei (4,3 milliards de dollars). La part dans le monde était de 0,028% et de 0,82% en Afrique.

Le revenu national brut par habitant au Gabon s'élevait à 5156.9 dollars dans les années 1980, au 51ème rang mondial à égalité avec Nauru (5 171,2 de dollars), la Polynésie (5 184,2 de dollars), Trinité-et-Tobago (5 222,3 de dollars). Le RNB par habitant au Gabon était plus que le RNB par habitant dans le monde (3 116,0 US$) de 65,5%, et plus de 5,4 fois supérieur au revenu national brut par habitant en Afrique (950,4 US$).

La croissance du revenu national brut au Gabon était de 2.3% dans les années 1980, au 112ème rang mondial à égalité avec la Suisse (2,2%), Porto Rico (2,2%), l'Équateur (2,3%). La croissance du revenu national brut au Gabon (2,3%) était inférieure à celle du revenu national brut dans le monde (3,0%), et supérieure à celle du RNB en Afrique (1,7%).

Comparaison avec les voisins. Le revenu national brut du Gabon était supérieure à celle du Congo (2,1 milliards de dollars) et de la Guinée équatoriale (89,3 millions de dollars); mais inférieure à celle du Cameroun (10,6 milliards de dollars). Le revenu national brut par habitant au Gabon était supérieure à celle du Cameroun (1 065,9 de dollars), du Congo (980,7 de dollars) et de la Guinée équatoriale (261,8 de dollars). La croissance du revenu national brut au Gabon était inférieure à celle de la république du Congo (5,3%), de la Guinée équatoriale (2,5%) et du Cameroun (2,4%).

Comparaison avec les leaders. Le revenu national brut du Gabon était inférieure à celle des États-Unis (4,2 billions de dollars), du Japon (1,8 billions de dollars), de l'Allemagne (996,5 milliards de dollars), de l'URSS (887,0 milliards de dollars) et de la France (732,1 milliards de dollars). Le revenu national brut par habitant au Gabon était supérieure à celle de l'URSS (3 219,9 de dollars); mais inférieure à celle des États-Unis (17 338,6 de dollars), du Japon (15 041,5 de dollars), de la France (12 910,9 de dollars) et de l'Allemagne (12 766,2 de dollars). La croissance du revenu national brut au Gabon était supérieure à celle de l'Allemagne (2,0%); mais inférieure à celle du Japon (4,4%), de l'URSS (4,3%), des États-Unis (3,1%) et de la France (2,3%).

Les années 1990

Le revenu national brut du Gabon était de 4,9 milliards de dollars par an dans les années 1990, se situant au 113ème rang mondial à égalité avec l'Estonie (4,9 milliards de dollars), le Brunei (4,8 milliards de dollars). La part dans le monde était de 0,017% et de 0,86%

en Afrique.

Le RNB par habitant au Gabon s'élevait à 4548.3 dollars dans les années 1990, se situant au 65ème rang mondial. Le revenu national brut par habitant au Gabon était moins que le revenu national brut par habitant dans le monde (4 987,2 US$) de 8,8%, et plus de 5,7 fois supérieur au revenu national brut par habitant en Afrique (793,1 US$).

La croissance du RNB au Gabon était de 0.3% dans les années 1990, se situant au 164ème rang mondial. La croissance du RNB au Gabon (0,28%) était inférieure à celle du RNB dans le monde (2,8%), et inférieure à celle du revenu national brut en Afrique (2,5%).

Comparaison avec les voisins. Le revenu national brut du Gabon était supérieure à celle du Congo (1,9 milliards de dollars) et de la Guinée équatoriale (334,4 millions de dollars); mais inférieure à celle du Cameroun (10,4 milliards de dollars). Le revenu national brut par habitant au Gabon était supérieure à celle du Cameroun (786,2 de dollars), de la république du Congo (702,2 de dollars) et de la Guinée équatoriale (667,4 de dollars). La croissance du RNB au Gabon était supérieure à celle du Congo (-1,1%); mais inférieure à celle de la Guinée équatoriale (20,2%) et du Cameroun (0,42%).

Comparaison avec les leaders. Le RNB du Gabon était inférieure à celle des États-Unis (7,5 billions de dollars), du Japon (4,4 billions de dollars), de l'Allemagne (2,2 billions de dollars), de la France (1,4 billions de dollars) et du Royaume-Uni (1,3 billions de dollars). Le RNB par habitant au Gabon était inférieure à celle du Japon (34 662,4 de dollars), des États-Unis (28 456,4 de dollars), de l'Allemagne (26 973,7 de dollars), de la France (24 108,0 de dollars) et du Royaume-Uni (23 023,2 de dollars). La croissance du RNB au Gabon était inférieure à celle des États-Unis (3,4%), de la France (2,2%), du Royaume-Uni (2,0%), de l'Allemagne (2,0%) et du Japon (1,5%).

Les années 2000

Le RNB du Gabon était de 7,3 milliards de dollars par an dans les années 2000, au 121ème rang mondial. La part dans le monde était de 0,016% et de 0,68% en Afrique.

Le revenu national brut par habitant au Gabon s'élevait à 5245.3 dollars dans les années 2000, se situant au 86ème rang mondial à égalité avec la Russie (5 351,0 de dollars), l'Est (5 356,5 de dollars). Le RNB par habitant au Gabon était moins que le RNB par habitant dans le monde (7 165,0 US$) de 26,8%, et plus de 4,5 fois supérieur au revenu national brut par habitant en Afrique (1 173,1 US$).

La croissance du RNB au Gabon était de 1.5% dans les années 2000, au 172ème rang mondial. La croissance du revenu national brut au Gabon (1,5%) était inférieure à celle du revenu national brut dans le monde (3,0%), et inférieure à celle du revenu national brut en Afrique (5,2%).

Comparaison avec les voisins. Le RNB du Gabon était supérieure à celle de la Guinée équatoriale (5,5 milliards de dollars) et du Congo (4,4 milliards de dollars); mais inférieure à celle du Cameroun (17,2 milliards de dollars). Le revenu national brut par habitant au Gabon était supérieure à celle du Congo (1 183,1 de dollars) et du Cameroun (997,4 de dollars); mais inférieure à celle de la Guinée équatoriale (7 353,8 de dollars). La croissance du RNB au Gabon était inférieure à celle de la Guinée équatoriale (13,2%), du Congo (5,6%) et du Cameroun (4,4%).

Comparaison avec les leaders. Le revenu national brut du Gabon était inférieure à celle des États-Unis (12,7 billions de dollars), du Japon (4,8 billions de dollars), de l'Allemagne (2,8 billions de dollars), de la Chine (2,6 billions de dollars) et du Royaume-Uni (2,3 billions de dollars). Le revenu national brut par habitant au Gabon était supérieure à celle de la Chine (1 963,7 de dollars); mais inférieure à celle des États-Unis (43 162,8 de dollars), du Royaume-Uni (38 578,1 de dollars), du Japon (37 141,6 de dollars) et de l'Allemagne (34 158,7 de dollars). La croissance du RNB au Gabon était supérieure à celle de l'Allemagne (1,0%) et du Japon (0,62%); mais inférieure à celle de la Chine (10,4%), des États-Unis (1,8%) et du Royaume-Uni (1,8%).

Les années 2010

Le revenu national brut du Gabon était de 14,7 milliards de dollars par an dans les années 2010, se situant au 123ème rang mondial à égalité avec le Soudan du Sud (14,6 milliards de dollars), le Mozambique (14,4 milliards de dollars), la Palestine (15,1 milliards de dollars). La part dans le monde était de 0,019% et de 0,67% en Afrique.

Le revenu national brut par habitant au Gabon s'élevait à 7901.9 dollars dans les années 2010, se situant au 92ème rang mondial à égalité avec l'Amérique centrale (8 006,3 de dollars). Le RNB par habitant au Gabon était moins que le RNB par habitant dans le monde (10 510,8 US$) de 24,8%, et plus de 4,2 fois supérieur au RNB par habitant en Afrique (1 897,8 US$).

La croissance du revenu national brut au Gabon était de 4.7% dans les années 2010, se situant au 57ème rang mondial. La croissance du RNB au Gabon (4,7%) était supérieure à celle du revenu national brut dans le monde (3,2%), et supérieure à celle du RNB en Afrique (3,0%).

Comparaison avec les voisins. Le RNB du Gabon était 14,3% supérieure à celui de la Guinée équatoriale (12,9 milliards de dollars) et 22,2% supérieure à celui de la république du Congo (12,1 milliards de dollars); mais 2,1 fois inférieure à celui du Cameroun (31,6 milliards de dollars). Le revenu national brut par habitant au Gabon était 3,2 fois supérieure à celui du Congo (2 471,7 de dollars) et 5,6 fois supérieure à celui du Cameroun (1 420,5 de dollars); mais 30,7% inférieure à celui de la Guinée équatoriale (11 405,1 de dollars). La croissance du RNB au Gabon était supérieure à celle du Cameroun (4,5%), de la république du Congo (3,7%) et de la Guinée équatoriale (0,19%).

Comparaison avec les leaders. Le RNB du Gabon était 1 215,6 fois inférieure à celui des États-Unis (17,9 billions de dollars), 676,5 fois inférieure à celui de la Chine (10,0 billions de dollars), 367,4 fois inférieure à celui du Japon (5,4 billions de dollars), 252,5 fois inférieure à celui de l'Allemagne (3,7 billions de dollars) et 186,0 fois inférieure à celui de la France (2,7 billions de dollars). Le revenu national brut par habitant au Gabon était 10,0% supérieure à celui de la Chine (7 180,6 de dollars); mais 7,1 fois inférieure à celui des États-Unis (56 399,2 de dollars), 5,8 fois inférieure à celui de l'Allemagne (45 669,1 de dollars), 5,4 fois inférieure à celui du Japon (42 300,9 de dollars) et 5,2 fois inférieure à celui de la France (41 327,4 de dollars). La croissance du RNB au Gabon était supérieure à celle des États-Unis (2,5%), de l'Allemagne (2,2%), du Japon (1,5%) et de la France (1,3%); mais inférieure à celle de la Chine (7,7%).

Partie II. Structure

	Les années 2010
agriculture	4,4%
industrie	50,5%
construction	5,8%
commerce	5,3%
transport	5,8%
services	28,3%

Chapitre IV. Agriculture

Agriculture, chasse, sylviculture et pêche (ISIC A-B)

L'agriculture du Gabon est passé de 111,9 millions de dollars dans les années 1970 à 659,2 millions de dollars par an dans les années 2010, soit une augmentation de 547,3 millions de dollars ou de 5,9 fois. La variation a été de 393,8 millions de dollars en raison de l'augmentation de 2,5 fois des prix, et de -57,5 millions de dollars en raison de la baisse de productivité de 0,82 fois, et de 211,0 millions de dollars en raison de la croissance démographique. La croissance annuelle moyenne de l'agriculture était de 3,9%. L'agriculture minimum était de 46,2 millions de dollars en 1971. L'agriculture maximum était de 824,2 millions de dollars en 2018.

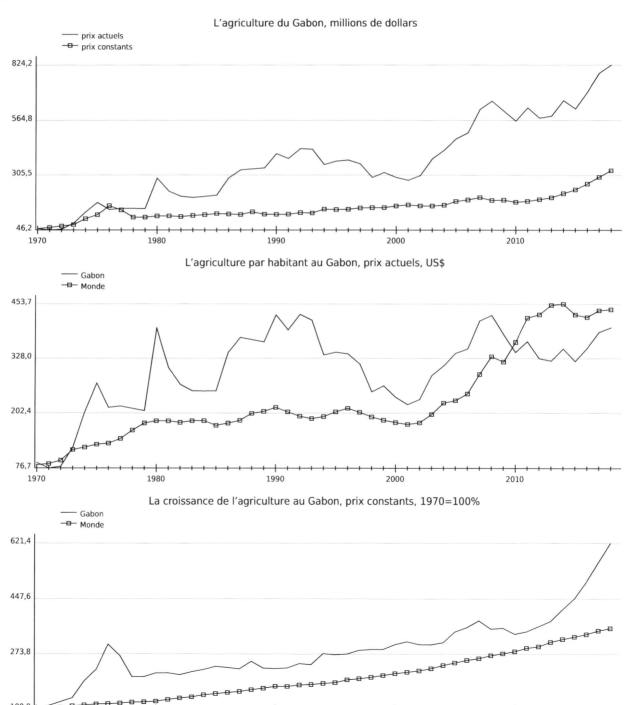

L'agriculture du Gabon, millions de dollars

L'agriculture par habitant au Gabon, prix actuels, US$

La croissance de l'agriculture au Gabon, prix constants, 1970=100%

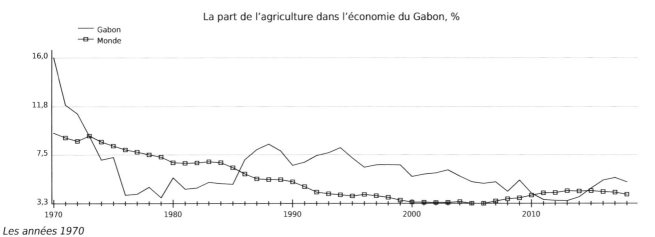

La part de l'agriculture dans l'économie du Gabon, %

Les années 1970

L'agriculture du Gabon était de 111,9 millions de dollars par an dans les années 1970, se situant au 122ème rang mondial. La part dans le monde était de 0,022% et de 0,24% en Afrique.

La part de l'agriculture dans l'économie du Gabon était de 5,5% dans les années 1970, au 144ème rang mondial.

L'agriculture par habitant au Gabon s'élevait à 173.1 dollars dans les années 1970, se situant au 49ème rang mondial à égalité avec la Côte d'Ivoire (172,4 de dollars), l'Afrique de l'Ouest (169,1 de dollars), la Corée du Sud (169,1 de dollars). L'agriculture par habitant au Gabon était plus que l'agriculture par habitant dans le monde (127,8 US$) de 35,4%, et plus de 55,6% supérieur au agriculture par habitant en Afrique (111,3 US$).

La croissance de l'agriculture au Gabon était de 8.1% dans les années 1970, au 13ème rang mondial à égalité avec l'Eswatini (8,1%), Bahreïn (8,2%). La croissance de l'agriculture au Gabon (8,1%) était supérieure à celle de l'agriculture dans le monde (2,2%), et supérieure à celle de l'agriculture en Afrique (1,7%).

Comparaison avec les voisins. L'agriculture du Gabon était supérieure à celle de la Guinée équatoriale (4,6 millions de dollars); mais inférieure à celle du Cameroun (713,0 millions de dollars) et de la république du Congo (126,6 millions de dollars). L'agriculture par habitant au Gabon était supérieure à celle du Cameroun (96,4 de dollars), de la république du Congo (80,6 de dollars) et de la Guinée équatoriale (17,1 de dollars). La croissance de l'agriculture au Gabon était supérieure à celle du Cameroun (5,5%), de la république du Congo (2,2%) et de la Guinée équatoriale (2,2%).

Comparaison avec les leaders. L'agriculture du Gabon était inférieure à celle de l'URSS (88,7 milliards de dollars), de la Chine (49,5 milliards de dollars), des États-Unis (42,6 milliards de dollars), de l'Inde (36,0 milliards de dollars) et du Japon (25,8 milliards de dollars). L'agriculture par habitant au Gabon était supérieure à celle de l'Inde (58,4 de dollars) et de la Chine (54,5 de dollars); mais inférieure à celle de l'URSS (351,5 de dollars), du Japon (231,2 de dollars) et des États-Unis (194,9 de dollars). La croissance de l'agriculture au Gabon était supérieure à celle de l'URSS (7,0%), de la Chine (2,4%), du Japon (0,52%), des États-Unis (0,34%) et de l'Inde (0,30%).

Les années 1980

L'agriculture du Gabon était de 263,6 millions de dollars par an dans les années 1980, au 117ème rang mondial à égalité avec la république du Congo (262,7 millions de dollars), la Gambie (259,6 millions de dollars), la Palestine (267,8 millions de dollars). La part dans le monde était de 0,029% et de 0,31% en Afrique.

La part de l'agriculture dans l'économie du Gabon était de 6,1% dans les années 1980, au 131ème rang mondial.

L'agriculture par habitant au Gabon s'élevait à 320.4 dollars dans les années 1980, se situant au 34ème rang mondial à égalité avec Nauru (320,3 de dollars), la Corée du Sud (320,5 de dollars), la Dominique (318,5 de dollars). L'agriculture par habitant au Gabon était plus que l'agriculture par habitant dans le monde (186,8 US$) de 71,5%, et plus de 2,0 fois supérieur au agriculture par habitant en Afrique (157,8 US$).

La croissance de l'agriculture au Gabon était de 1.3% dans les années 1980, au 127ème rang mondial. La croissance de l'agriculture au Gabon (1,3%) était inférieure à celle de l'agriculture dans le monde (3,1%), et inférieure à celle de l'agriculture en Afrique (2,8%).

Comparaison avec les voisins. L'agriculture du Gabon était supérieure à celle de la république du Congo (262,7 millions de dollars) et de la Guinée équatoriale (13,1 millions de dollars); mais inférieure à celle du Cameroun (1,6 milliards de dollars). L'agriculture par habitant au Gabon était supérieure à celle du Cameroun (162,9 de dollars), de la république du Congo (125,0 de dollars) et de la Guinée équatoriale (38,3 de dollars). La croissance de l'agriculture au Gabon était inférieure à celle de la république du Congo (3,7%), du Cameroun (3,1%) et de la Guinée équatoriale (3,0%).

Comparaison avec les leaders. L'agriculture du Gabon était inférieure à celle de l'URSS (125,8 milliards de dollars), de la Chine (94,9 milliards de dollars), de l'Inde (70,4 milliards de dollars), des États-Unis (68,7 milliards de dollars) et du Japon (49,7 milliards de dollars). L'agriculture par habitant au Gabon était supérieure à celle des États-Unis (286,4 de dollars), de l'Inde (91,0 de dollars) et de la Chine (88,9 de dollars); mais inférieure à celle de l'URSS (456,7 de dollars) et du Japon (410,0 de dollars). La croissance de l'agriculture au Gabon était supérieure à celle du Japon (0,41%); mais inférieure à celle de la Chine (5,3%), de l'Inde (4,4%), des États-Unis (3,7%) et de l'URSS (2,8%).

Les années 1990

L'agriculture du Gabon était de 372,9 millions de dollars par an dans les années 1990, au 137ème rang mondial à égalité avec d'Oman (369,8 millions de dollars). La part dans le monde était de 0,033% et de 0,39% en Afrique.

La part de l'agriculture dans l'économie du Gabon était de 7,0% dans les années 1990, se situant au 137ème rang mondial à égalité avec la Libye (7,1%).

L'agriculture par habitant au Gabon s'élevait à 347.2 dollars dans les années 1990, au 48ème rang mondial à égalité avec les Salomon (343,4 de dollars). L'agriculture par habitant au Gabon était plus que l'agriculture par habitant dans le monde (200,0 US$) de 73,6%, et plus de 2,6 fois supérieur au agriculture par habitant en Afrique (133,5 US$).

La croissance de l'agriculture au Gabon était de 2.3% dans les années 1990, se situant au 93ème rang mondial. La croissance de l'agriculture au Gabon (2,3%) était supérieure à celle de l'agriculture dans le monde (2,2%), et inférieure à celle de l'agriculture en Afrique (2,8%).

Comparaison avec les voisins. L'agriculture du Gabon était supérieure à celle de la république du Congo (324,6 millions de dollars) et de la Guinée équatoriale (25,1 millions de dollars); mais inférieure à celle du Cameroun (1,8 milliards de dollars). L'agriculture par habitant au Gabon était supérieure à celle du Cameroun (132,9 de dollars), du Congo (117,1 de dollars) et de la Guinée équatoriale (50,1 de dollars). La croissance de l'agriculture au Gabon était supérieure à celle du Cameroun (0,66%) et de la république du Congo (-1,3%); mais inférieure à celle de la Guinée équatoriale (4,7%).

Comparaison avec les leaders. L'agriculture du Gabon était inférieure à celle de la Chine (139,0 milliards de dollars), des États-Unis (96,1 milliards de dollars), de l'Inde (91,4 milliards de dollars), du Japon (78,9 milliards de dollars) et du Brésil (36,8 milliards de dollars). L'agriculture par habitant au Gabon était supérieure à celle du Brésil (228,3 de dollars), de la Chine (113,0 de dollars) et de l'Inde (96,0 de dollars); mais inférieure à celle du Japon (625,5 de dollars) et des États-Unis (362,8 de dollars). La croissance de l'agriculture au Gabon était supérieure à celle du Japon (-1,8%); mais inférieure à celle de la Chine (4,3%), du Brésil (3,0%), de l'Inde (2,8%) et des États-Unis (2,6%).

Les années 2000

L'agriculture du Gabon était de 455,0 millions de dollars par an dans les années 2000, se situant au 141ème rang mondial. La part dans le monde était de 0,029% et de 0,28% en Afrique.

La part de l'agriculture dans l'économie du Gabon était de 5,3% dans les années 2000, au 128ème rang mondial.

L'agriculture par habitant au Gabon s'élevait à 326.4 dollars dans les années 2000, au 61ème rang mondial à égalité avec les Amériques (325,8 de dollars), le Soudan (322,6 de dollars), les Seychelles (320,4 de dollars). L'agriculture par habitant au Gabon était plus que l'agriculture par habitant dans le monde (240,3 US$) de 35,8%, et plus de 80,9% supérieur au agriculture par habitant en Afrique (180,4 US$).

La croissance de l'agriculture au Gabon était de 2.1% dans les années 2000, se situant au 102ème rang mondial. La croissance de l'agriculture au Gabon (2,1%) était inférieure à celle de l'agriculture dans le monde (2,9%), et inférieure à celle de l'agriculture en Afrique (5,1%).

Comparaison avec les voisins. L'agriculture du Gabon était supérieure à celle de la république du Congo (343,1 millions de dollars) et de la Guinée équatoriale (127,9 millions de dollars); mais inférieure à celle du Cameroun (2,5 milliards de dollars). L'agriculture par habitant au Gabon était supérieure à celle de la Guinée équatoriale (170,6 de dollars), du Cameroun (142,1 de dollars) et du Congo (92,8 de dollars). La croissance de l'agriculture au Gabon était supérieure à celle de la Guinée équatoriale (-3,0%); mais inférieure à celle du Congo (4,9%) et du Cameroun (2,9%).

Comparaison avec les leaders. L'agriculture du Gabon était inférieure à celle de la Chine (297,7 milliards de dollars), de l'Inde (147,6 milliards de dollars), des États-Unis (122,5 milliards de dollars), du Japon (57,1 milliards de dollars) et du Nigeria (47,6 milliards de dollars). L'agriculture par habitant au Gabon était supérieure à celle de la Chine (226,0 de dollars) et de l'Inde (130,1 de dollars); mais inférieure à celle du Japon (445,5 de dollars), des États-Unis (416,8 de dollars) et du Nigeria (346,1 de dollars). La croissance de l'agriculture au Gabon était supérieure à celle de l'Inde (2,0%) et du Japon (-1,3%); mais inférieure à celle du Nigeria (10,1%), de la Chine (4,0%) et des États-Unis (3,6%).

Les années 2010

L'agriculture du Gabon était de 659,2 millions de dollars par an dans les années 2010, se situant au 143ème rang mondial à égalité avec la République centrafricaine (671,6 millions de dollars). La part dans le monde était de 0,021% et de 0,19% en Afrique.

La part de l'agriculture dans l'économie du Gabon était de 4,4% dans les années 2010, au 128ème rang mondial.

L'agriculture par habitant au Gabon s'élevait à 353.4 dollars dans les années 2010, se situant au 98ème rang mondial à égalité avec la République dominicaine (356,4 de dollars), la Tunisie (358,1 de dollars), le Laos (347,9 de dollars). L'agriculture par habitant au Gabon était moins que l'agriculture par habitant dans le monde (428,2 US$) de 17,5%, et plus de 21,4% supérieur au agriculture par habitant en Afrique (291,0 US$).

La croissance de l'agriculture au Gabon était de 6.4% dans les années 2010, au 13ème rang mondial. La croissance de l'agriculture au Gabon (6,4%) était supérieure à celle de l'agriculture dans le monde (2,9%), et supérieure à celle de l'agriculture en Afrique (4,1%).

Comparaison avec les voisins. L'agriculture du Gabon était 2,6 fois supérieure à celui de la Guinée équatoriale (254,5 millions de dollars); mais 6,9 fois inférieure à celui du Cameroun (4,6 milliards de dollars) et 20,2% inférieure à celui du Congo (826,1 millions de dollars). L'agriculture par habitant au Gabon était 57,0% supérieure à celui de la Guinée équatoriale (225,1 de dollars), 72,7% supérieure à celui du Cameroun (204,6 de dollars) et 2,1 fois supérieure à celui du Congo (169,2 de dollars). La croissance de l'agriculture au Gabon était supérieure à celle du Cameroun (4,9%) et du Congo (3,7%); mais inférieure à celle de la Guinée équatoriale (8,6%).

Comparaison avec les leaders. L'agriculture du Gabon était 1 314,2 fois inférieure à celui de la Chine (866,3 milliards de dollars), 526,9 fois inférieure à celui de l'Inde (347,3 milliards de dollars), 271,3 fois inférieure à celui des États-Unis (178,8 milliards de dollars), 185,1 fois inférieure à celui de l'Indonésie (122,0 milliards de dollars) et 146,2 fois inférieure à celui du Brésil (96,4 milliards de dollars). L'agriculture par habitant au Gabon était 31,6% supérieure à celui de l'Inde (268,6 de dollars); mais 43,3% inférieure à celui de la Chine (623,8 de dollars), 37,2% inférieure à celui des États-Unis (562,8 de dollars), 26,2% inférieure à celui de l'Indonésie (478,6 de dollars) et 25,2% inférieure à celui du Brésil (472,3 de dollars). La croissance de l'agriculture au Gabon était supérieure à celle de l'Inde (4,1%), de l'Indonésie (3,9%), de la Chine (3,8%), du Brésil (3,3%) et des États-Unis (1,6%).

Chapitre V. Industrie

(ISIC C-E)

L'industrie du Gabon est passé de 876,8 millions de dollars dans les années 1970 à 7,6 milliards de dollars par an dans les années 2010, soit une augmentation de 6,7 milliards de dollars ou de 8,7 fois. La variation a été de 6,7 milliards de dollars en raison de l'augmentation de 8,2 fois des prix, et de -1,6 milliards de dollars en raison de la baisse de productivité de 0,37 fois, et de 1,7 milliards de dollars en raison de la croissance démographique. La croissance annuelle moyenne de l'industrie était de 1,4%. L'industrie minimum était de 151,2 millions de dollars en 1970. L'industrie maximum était de 10,1 milliards de dollars en 2011.

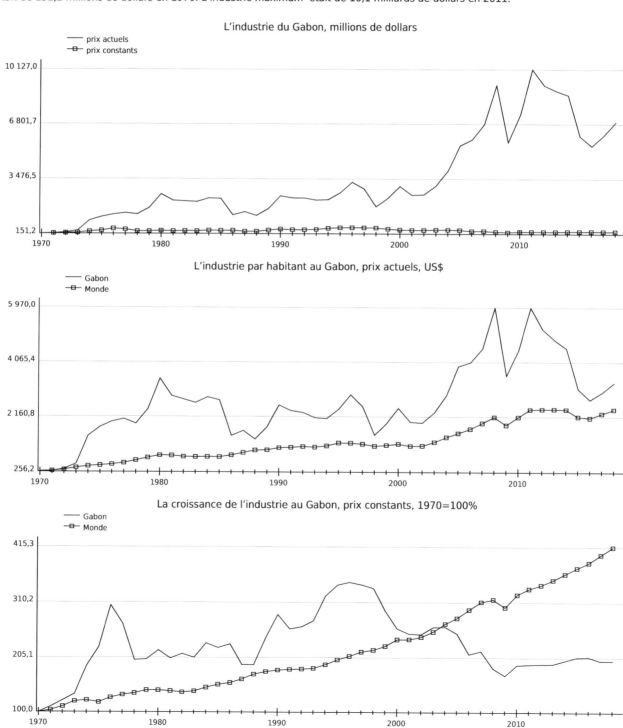

L'industrie du Gabon, millions de dollars

L'industrie par habitant au Gabon, prix actuels, US$

La croissance de l'industrie au Gabon, prix constants, 1970=100%

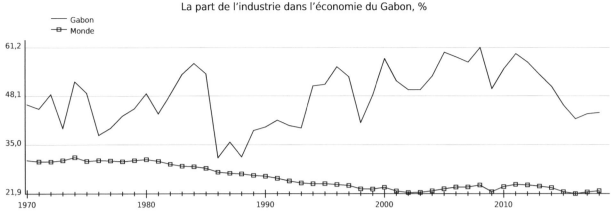

La part de l'industrie dans l'économie du Gabon, %

Les années 1970

L'industrie du Gabon était de 876,8 millions de dollars par an dans les années 1970, au 79ème rang mondial à égalité avec le Viêt Nam (877,9 millions de dollars), l'Uruguay (884,8 millions de dollars), l'Albanie (885,9 millions de dollars). La part dans le monde était de 0,045% et de 1,2% en Afrique.

La part de l'industrie dans l'économie du Gabon était de 43,2% dans les années 1970, se situant au 11ème rang mondial.

L'industrie par habitant au Gabon s'élevait à 1356.2 dollars dans les années 1970, au 26ème rang mondial à égalité avec l'Islande (1 341,2 de dollars), le Danemark (1 380,0 de dollars), la France (1 329,5 de dollars). L'industrie par habitant au Gabon était plus que l'industrie par habitant dans le monde (480,4 US$) de 2,8 fois, et plus de 7,5 fois supérieur au industrie par habitant en Afrique (179,7 US$).

La croissance de l'industrie au Gabon était de 8.1% dans les années 1970, au 31ème rang mondial à égalité avec la Malaisie (8,0%), le Costa Rica (8,1%), Maurice (8,1%). La croissance de l'industrie au Gabon (8,1%) était supérieure à celle de l'industrie dans le monde (4,0%), et supérieure à celle de l'industrie en Afrique (5,5%).

Comparaison avec les voisins. L'industrie du Gabon était supérieure à celle du Cameroun (492,2 millions de dollars), du Congo (194,5 millions de dollars) et de la Guinée équatoriale (5,7 millions de dollars). L'industrie par habitant au Gabon était supérieure à celle de la république du Congo (123,9 de dollars), du Cameroun (66,6 de dollars) et de la Guinée équatoriale (21,0 de dollars). La croissance de l'industrie au Gabon était supérieure à celle du Cameroun (6,2%) et de la Guinée équatoriale (2,2%); mais inférieure à celle de la république du Congo (16,3%).

Comparaison avec les leaders. L'industrie du Gabon était inférieure à celle des États-Unis (450,4 milliards de dollars), de l'URSS (248,8 milliards de dollars), du Japon (185,6 milliards de dollars), de l'Allemagne (158,4 milliards de dollars) et du Royaume-Uni (72,5 milliards de dollars). L'industrie par habitant au Gabon était supérieure à celle du Royaume-Uni (1 292,1 de dollars) et de l'URSS (985,9 de dollars); mais inférieure à celle des États-Unis (2 062,5 de dollars), de l'Allemagne (2 011,7 de dollars) et du Japon (1 666,3 de dollars). La croissance de l'industrie au Gabon était supérieure à celle de l'URSS (5,2%), du Japon (4,5%), des États-Unis (2,4%), de l'Allemagne (2,1%) et du Royaume-Uni (1,9%).

Les années 1980

L'industrie du Gabon était de 1,9 milliards de dollars par an dans les années 1980, se situant au 78ème rang mondial à égalité avec le Paraguay (1,9 milliards de dollars). La part dans le monde était de 0,046% et de 1,2% en Afrique.

La part de l'industrie dans l'économie du Gabon était de 44,4% dans les années 1980, au 9ème rang mondial à égalité avec l'Arabie saoudite (44,2%).

L'industrie par habitant au Gabon s'élevait à 2330.5 dollars dans les années 1980, au 32ème rang mondial. L'industrie par habitant au Gabon était plus que l'industrie par habitant dans le monde (861,3 US$) de 2,7 fois, et plus de 8,1 fois supérieur au industrie par habitant en Afrique (286,2 US$).

La croissance de l'industrie au Gabon était de 1.9% dans les années 1980, se situant au 120ème rang mondial à égalité avec l'Islande (1,9%), le Canada (1,9%), les Amériques (1,9%). La croissance de l'industrie au Gabon (1,9%) était inférieure à celle de l'industrie dans le monde (2,3%), et supérieure à celle de l'industrie en Afrique (-0,94%).

Comparaison avec les voisins. L'industrie du Gabon était supérieure à celle du Congo (810,2 millions de dollars) et de la Guinée équatoriale (15,6 millions de dollars); mais inférieure à celle du Cameroun (2,3 milliards de dollars). L'industrie par habitant au Gabon était supérieure à celle du Congo (385,6 de dollars), du Cameroun (227,0 de dollars) et de la Guinée équatoriale (45,8 de dollars). La croissance de l'industrie au Gabon était supérieure à celle de la Guinée équatoriale (1,1%); mais inférieure à celle de la république du Congo (9,9%) et du Cameroun (4,4%).

Comparaison avec les leaders. L'industrie du Gabon était inférieure à celle des États-Unis (1,0 billions de dollars), du Japon (566,4 milliards de dollars), de l'URSS (305,7 milliards de dollars), de l'Allemagne (297,5 milliards de dollars) et du Royaume-Uni (173,0 milliards de dollars). L'industrie par habitant au Gabon était supérieure à celle de l'URSS (1 109,7 de dollars); mais inférieure à celle du Japon (4 669,7 de dollars), des États-Unis (4 170,8 de dollars), de l'Allemagne (3 811,3 de dollars) et du Royaume-Uni (3 060,4 de dollars). La croissance de l'industrie au Gabon était supérieure à celle du Royaume-Uni (1,4%) et de l'Allemagne (1,2%); mais inférieure à celle de l'URSS (5,3%), du Japon (4,2%) et des États-Unis (1,9%).

Les années 1990

L'industrie du Gabon était de 2,4 milliards de dollars par an dans les années 1990, se situant au 87ème rang mondial à égalité avec la Côte d'Ivoire (2,4 milliards de dollars), le Costa Rica (2,4 milliards de dollars), le Cameroun (2,4 milliards de dollars). La part dans le monde était de 0,036% et de 1,5% en Afrique.

La part de l'industrie dans l'économie du Gabon était de 46,0% dans les années 1990, se situant au 7ème rang mondial à égalité avec d'Oman (45,9%).

L'industrie par habitant au Gabon s'élevait à 2266.2 dollars dans les années 1990, se situant au 39ème rang mondial. L'industrie par habitant au Gabon était plus que l'industrie par habitant dans le monde (1 174,1 US$) de 93,0%, et plus de 10,3 fois supérieur au industrie par habitant en Afrique (220,9 US$).

La croissance de l'industrie au Gabon était de 1.9% dans les années 1990, se situant au 122ème rang mondial à égalité avec le Malawi (1,9%). La croissance de l'industrie au Gabon (1,9%) était inférieure à celle de l'industrie dans le monde (2,5%), et supérieure à celle de l'industrie en Afrique (1,3%).

Comparaison avec les voisins. L'industrie du Gabon était supérieure à celle du Cameroun (2,4 milliards de dollars), de la république du Congo (1,0 milliards de dollars) et de la Guinée équatoriale (185,9 millions de dollars). L'industrie par habitant au Gabon était supérieure à celle de la Guinée équatoriale (371,0 de dollars), du Congo (367,9 de dollars) et du Cameroun (180,1 de dollars). La croissance de l'industrie au Gabon était supérieure à celle du Cameroun (-0,52%); mais inférieure à celle de la Guinée équatoriale (42,2%) et du Congo (5,0%).

Comparaison avec les leaders. L'industrie du Gabon était inférieure à celle des États-Unis (1,5 billions de dollars), du Japon (1,2 billions de dollars), de l'Allemagne (534,0 milliards de dollars), de la Chine (285,9 milliards de dollars) et du Royaume-Uni (268,5 milliards de dollars). L'industrie par habitant au Gabon était supérieure à celle de la Chine (232,4 de dollars); mais inférieure à celle du Japon (9 400,1 de dollars), de l'Allemagne (6 614,2 de dollars), des États-Unis (5 694,9 de dollars) et du Royaume-Uni (4 635,4 de dollars). La croissance de l'industrie au Gabon était supérieure à celle du Japon (1,3%), du Royaume-Uni (1,0%) et de l'Allemagne (0,32%); mais inférieure à celle de la Chine (13,1%) et des États-Unis (2,8%).

Les années 2000

L'industrie du Gabon était de 4,8 milliards de dollars par an dans les années 2000, au 89ème rang mondial à égalité avec le Paraguay (4,8 milliards de dollars). La part dans le monde était de 0,047% et de 1,5% en Afrique.

La part de l'industrie dans l'économie du Gabon était de 55,9% dans les années 2000, au 8ème rang mondial à égalité avec d'Oman (55,9%), le Koweït (56,3%), l'Azerbaïdjan (55,5%).

L'industrie par habitant au Gabon s'élevait à 3449.7 dollars dans les années 2000, se situant au 42ème rang mondial à égalité avec les Amériques (3 482,3 de dollars). L'industrie par habitant au Gabon était plus que l'industrie par habitant dans le monde (1 573,6 US$) de 2,2 fois, et plus de 9,9 fois supérieur au industrie par habitant en Afrique (349,1 US$).

La croissance de l'industrie au Gabon était de -5.3% dans les années 2000, au 207ème rang mondial. La croissance de l'industrie au Gabon (-5,3%) était inférieure à celle de l'industrie dans le monde (2,9%), et inférieure à celle de l'industrie en Afrique (3,1%).

Comparaison avec les voisins. L'industrie du Gabon était supérieure à celle du Cameroun (4,1 milliards de dollars) et de la république du Congo (3,3 milliards de dollars); mais inférieure à celle de la Guinée équatoriale (6,0 milliards de dollars). L'industrie par habitant au Gabon était supérieure à celle du Congo (893,2 de dollars) et du Cameroun (239,6 de dollars); mais inférieure à celle de la Guinée équatoriale (7 969,4 de dollars). La croissance de l'industrie au Gabon était inférieure à celle de la Guinée équatoriale (17,1%), du Cameroun (2,4%) et du Congo (0,68%).

Comparaison avec les leaders. L'industrie du Gabon était inférieure à celle des États-Unis (2,1 billions de dollars), du Japon (1,1 billions de dollars), de la Chine (1,1 billions de dollars), de l'Allemagne (629,4 milliards de dollars) et du Royaume-Uni (346,2 milliards de dollars). L'industrie par habitant au Gabon était supérieure à celle de la Chine (800,7 de dollars); mais inférieure à celle du Japon (8 848,2 de dollars), de l'Allemagne (7 725,2 de dollars), des États-Unis (7 142,1 de dollars) et du Royaume-Uni (5 730,3 de dollars). La croissance de l'industrie au Gabon était inférieure à celle de la Chine (11,1%), des États-Unis (1,5%), de l'Allemagne (0,19%), du Japon (0,15%) et du Royaume-Uni (-1,0%).

Les années 2010

L'industrie du Gabon était de 7,6 milliards de dollars par an dans les années 2010, se situant au 96ème rang mondial à égalité avec la Bolivie (7,6 milliards de dollars), le Yémen (7,7 milliards de dollars), le Kenya (7,7 milliards de dollars). La part dans le monde était de 0,045% et de 1,3% en Afrique.

La part de l'industrie dans l'économie du Gabon était de 50,5% dans les années 2010, se situant au 8ème rang mondial.

L'industrie par habitant au Gabon s'élevait à 4087.7 dollars dans les années 2010, au 42ème rang mondial à égalité avec la Slovaquie (4 024,6 de dollars). L'industrie par habitant au Gabon était plus que l'industrie par habitant dans le monde (2 313,3 US$) de 76,7%, et plus de 8,3 fois supérieur au industrie par habitant en Afrique (489,6 US$).

La croissance de l'industrie au Gabon était de 1.8% dans les années 2010, au 144ème rang mondial. La croissance de l'industrie au Gabon (1,8%) était inférieure à celle de l'industrie dans le monde (3,6%), et supérieure à celle de l'industrie en Afrique (-0,20%).

Comparaison avec les voisins. L'industrie du Gabon était 9,5% supérieure à celui du Cameroun (7,0 milliards de dollars) et 14,6% supérieure à celui de la république du Congo (6,7 milliards de dollars); mais 25,1% inférieure à celui de la Guinée équatoriale (10,2 milliards de dollars). L'industrie par habitant au Gabon était 3,0 fois supérieure à celui du Congo (1 363,5 de dollars) et 13,1 fois supérieure à celui du Cameroun (312,5 de dollars); mais 2,2 fois inférieure à celui de la Guinée équatoriale (9 009,4 de dollars). La croissance de l'industrie au Gabon était supérieure à celle du Congo (0,67%) et de la Guinée équatoriale (-4,0%); mais inférieure à celle du Cameroun (3,5%).

Comparaison avec les leaders. L'industrie du Gabon était 472,4 fois inférieure à celui de la Chine (3,6 billions de dollars), 355,5 fois inférieure à celui des États-Unis (2,7 billions de dollars), 155,8 fois inférieure à celui du Japon (1,2 billions de dollars), 109,9 fois inférieure à celui de l'Allemagne (837,8 milliards de dollars) et 56,6 fois inférieure à celui de l'Inde (431,6 milliards de dollars). L'industrie par habitant au Gabon était 57,6% supérieure à celui de la Chine (2 593,8 de dollars) et 12,2 fois supérieure à celui de l'Inde (333,8 de dollars); mais 2,5 fois inférieure à celui de l'Allemagne (10 276,7 de dollars), 2,3 fois inférieure à celui du Japon (9 279,7 de dollars) et 2,1 fois inférieure à celui des États-Unis (8 533,1 de dollars). La croissance de l'industrie au Gabon était inférieure à celle de la Chine (7,9%), de l'Inde (6,4%), de l'Allemagne (3,9%), du Japon (2,5%) et des États-Unis (2,1%).

Chapitre 5.1. Fabrication

(ISIC D)

La fabrication du Gabon est passé de 133,7 millions de dollars dans les années 1970 à 942,1 millions de dollars par an dans les années 2010, soit une augmentation de 808,5 millions de dollars ou de 7,0 fois. La variation a été de 265,9 millions de dollars en raison de l'augmentation de 1,4 fois des prix, et de 290,6 millions de dollars en raison de la croissance de la productivité de 1,8 fois, et de 252,0 millions de dollars en raison de la croissance démographique. La croissance annuelle moyenne de la fabrication était de 5,2%. La fabrication minimum était de 30,2 millions de dollars en 1970. La fabrication maximum était de 1,2 milliards de dollars en 2018.

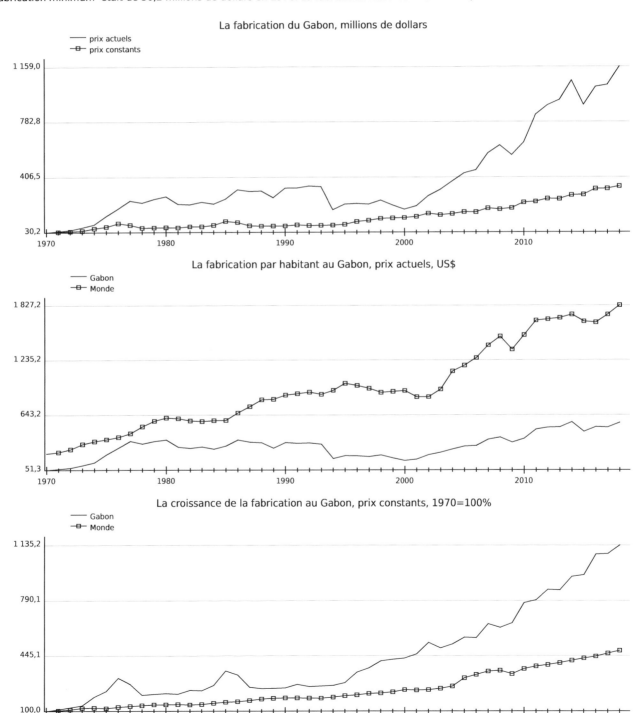

La fabrication du Gabon, millions de dollars

La fabrication par habitant au Gabon, prix actuels, US$

La croissance de la fabrication au Gabon, prix constants, 1970=100%

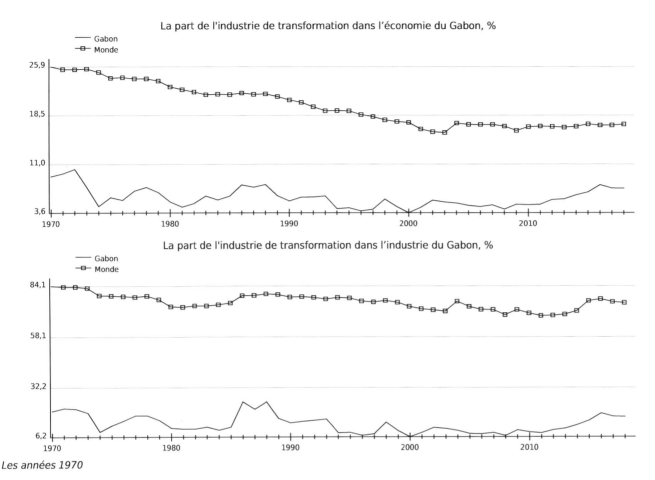

La part de l'industrie de transformation dans l'économie du Gabon, %

La part de l'industrie de transformation dans l'industrie du Gabon, %

Les années 1970

La fabrication du Gabon était de 133,7 millions de dollars par an dans les années 1970, au 107ème rang mondial à égalité avec Chypre (135,9 millions de dollars), d'Haïti (136,4 millions de dollars). La part dans le monde était de 0,0086% et de 0,33% en Afrique.

La part de la fabrication dans l'économie du Gabon était de 6,6% dans les années 1970, se situant au 143ème rang mondial.

La fabrication par habitant au Gabon s'élevait à 206.7 dollars dans les années 1970, se situant au 67ème rang mondial à égalité avec les Bermudes (209,0 de dollars), le Panama (203,7 de dollars). La fabrication par habitant au Gabon était moins que la fabrication par habitant dans le monde (383,2 US$) de 46,1%, et plus de 2,1 fois supérieur au fabrication par habitant en Afrique (98,6 US$).

La croissance de l'industrie de transformation au Gabon était de 8.4% dans les années 1970, au 31ème rang mondial. La croissance de la fabrication au Gabon (8,4%) était supérieure à celle de l'industrie de transformation dans le monde (3,8%), et supérieure à celle de la fabrication en Afrique (4,9%).

Comparaison avec les voisins. La fabrication du Gabon était supérieure à celle du Congo (115,1 millions de dollars) et de la Guinée équatoriale (1,2 millions de dollars); mais inférieure à celle du Cameroun (376,2 millions de dollars). La fabrication par habitant au Gabon était supérieure à celle de la république du Congo (73,3 de dollars), du Cameroun (50,9 de dollars) et de la Guinée équatoriale (4,4 de dollars). La croissance de l'industrie de transformation au Gabon était supérieure à celle du Cameroun (6,0%), de la Guinée équatoriale (2,2%) et du Congo (0,80%).

Comparaison avec les leaders. La fabrication du Gabon était inférieure à celle des États-Unis (378,0 milliards de dollars), de l'URSS (248,8 milliards de dollars), du Japon (169,3 milliards de dollars), de l'Allemagne (138,0 milliards de dollars) et de la France (64,5 milliards de dollars). La fabrication par habitant au Gabon était inférieure à celle de l'Allemagne (1 751,9 de dollars), des États-Unis (1 730,8 de dollars), du Japon (1 520,5 de dollars), de la France (1 197,8 de dollars) et de l'URSS (985,9 de dollars). La croissance de la fabrication au Gabon était supérieure à celle de l'URSS (5,2%), du Japon (4,5%), de la France (3,5%), des États-Unis (2,7%) et de l'Allemagne (2,1%).

Les années 1980

La fabrication du Gabon était de 265,6 millions de dollars par an dans les années 1980, au 109ème rang mondial à égalité avec le Yémen (265,3 millions de dollars), Madagascar (261,8 millions de dollars). La part dans le monde était de 0,0083% et de 0,31% en Afrique.

La part de la fabrication dans l'économie du Gabon était de 6,1% dans les années 1980, au 152ème rang mondial à égalité avec les Comores (6,1%), Monaco (6,1%).

La fabrication par habitant au Gabon s'élevait à 322.8 dollars dans les années 1980, se situant au 75ème rang mondial à égalité avec le Chili (325,1 de dollars), Montserrat (316,5 de dollars). La fabrication par habitant au Gabon était moins que la fabrication par habitant dans le monde (660,5 US$) de 2,0 fois, et plus de 2,1 fois supérieur au fabrication par habitant en Afrique (156,4 US$).

La croissance de l'industrie de transformation au Gabon était de 1.7% dans les années 1980, au 126ème rang mondial à égalité avec Saint-Christophe-et-Niévès (1,6%), l'Australie (1,7%), l'Europe du Nord (1,7%). La croissance de l'industrie de transformation au Gabon (1,7%) était inférieure à celle de la fabrication dans le monde (2,6%), et inférieure à celle de l'industrie de transformation en Afrique (2,0%).

Comparaison avec les voisins. La fabrication du Gabon était supérieure à celle du Congo (249,7 millions de dollars) et de la Guinée équatoriale (3,3 millions de dollars); mais inférieure à celle du Cameroun (1,5 milliards de dollars). La fabrication par habitant au Gabon était supérieure à celle du Cameroun (146,4 de dollars), du Congo (118,8 de dollars) et de la Guinée équatoriale (9,7 de dollars). La croissance de la fabrication au Gabon était supérieure à celle de la Guinée équatoriale (1,0%); mais inférieure à celle du Congo (7,5%) et du Cameroun (6,0%).

Comparaison avec les leaders. La fabrication du Gabon était inférieure à celle des États-Unis (789,4 milliards de dollars), du Japon (501,0 milliards de dollars), de l'URSS (305,7 milliards de dollars), de l'Allemagne (258,7 milliards de dollars) et de l'Italie (134,1 milliards de dollars). La fabrication par habitant au Gabon était inférieure à celle du Japon (4 130,6 de dollars), de l'Allemagne (3 314,7 de dollars), des États-Unis (3 291,9 de dollars), de l'Italie (2 356,7 de dollars) et de l'URSS (1 109,7 de dollars). La croissance de la fabrication au Gabon était supérieure à celle de l'Allemagne (1,2%); mais inférieure à celle de l'URSS (5,3%), du Japon (4,4%), de l'Italie (2,5%) et des États-Unis (1,9%).

Les années 1990

La fabrication du Gabon était de 268,0 millions de dollars par an dans les années 1990, se situant au 143ème rang mondial à égalité avec le Cambodge (270,6 millions de dollars). La part dans le monde était de 0,0052% et de 0,30% en Afrique.

La part de l'industrie de transformation dans l'économie du Gabon était de 5,1% dans les années 1990, se situant au 179ème rang mondial.

La fabrication par habitant au Gabon s'élevait à 249.5 dollars dans les années 1990, se situant au 102ème rang mondial à égalité avec le Maroc (253,6 de dollars), le Suriname (253,9 de dollars), les Philippines (254,6 de dollars). La fabrication par habitant au Gabon était moins que la fabrication par habitant dans le monde (907,3 US$) de 3,6 fois, et plus de 2,0 fois supérieur au fabrication par habitant en Afrique (123,7 US$).

La croissance de la fabrication au Gabon était de 5.7% dans les années 1990, se situant au 45ème rang mondial à égalité avec la Palestine (5,7%), Saint-Marin (5,7%), les Salomon (5,7%). La croissance de l'industrie de transformation au Gabon (5,7%) était supérieure à celle de l'industrie de transformation dans le monde (2,0%), et supérieure à celle de la fabrication en Afrique (0,55%).

Comparaison avec les voisins. La fabrication du Gabon était supérieure à celle de la Guinée équatoriale (29,8 millions de dollars); mais inférieure à celle du Cameroun (1,7 milliards de dollars) et du Congo (324,3 millions de dollars). La fabrication par habitant au Gabon était supérieure à celle du Cameroun (125,9 de dollars), de la république du Congo (117,0 de dollars) et de la Guinée équatoriale (59,5 de dollars). La croissance de la fabrication au Gabon était supérieure à celle du Cameroun (-1,3%) et du Congo (-3,5%); mais inférieure à celle de la Guinée équatoriale (29,5%).

Comparaison avec les leaders. La fabrication du Gabon était inférieure à celle des États-Unis (1,2 billions de dollars), du Japon (1,0 billions de dollars), de l'Allemagne (468,8 milliards de dollars), de l'Italie (227,8 milliards de dollars) et de la France (215,0 milliards de dollars). La fabrication par habitant au Gabon était inférieure à celle du Japon (8 304,5 de dollars), de l'Allemagne (5 807,0 de dollars), des États-Unis (4 699,5 de dollars), de l'Italie (3 982,2 de dollars) et de la France (3 594,5 de dollars). La croissance de la fabrication au Gabon était supérieure à celle des États-Unis (3,2%), de la France (2,4%), de l'Italie (1,2%), du Japon (1,1%) et de l'Allemagne (0,27%).

Les années 2000

La fabrication du Gabon était de 401,4 millions de dollars par an dans les années 2000, se situant au 145ème rang mondial. La part dans le monde était de 0,0054% et de 0,31% en Afrique.

La part de l'industrie de transformation dans l'économie du Gabon était de 4,7% dans les années 2000, au 180ème rang mondial.

La fabrication par habitant au Gabon s'élevait à 288 dollars dans les années 2000, se situant au 115ème rang mondial à égalité avec la Macédoine du Nord (284,3 de dollars). La fabrication par habitant au Gabon était moins que la fabrication par habitant dans le monde (1 137,9 US$) de 4,0 fois, et plus de 2,0 fois supérieur au fabrication par habitant en Afrique (143,3 US$).

La croissance de l'industrie de transformation au Gabon était de 4.4% dans les années 2000, se situant au 71ème rang mondial à égalité avec l'Afrique du Nord (4,4%), l'Estonie (4,4%), Singapour (4,4%). La croissance de l'industrie de transformation au Gabon (4,4%) était supérieure à celle de la fabrication dans le monde (4,2%), et supérieure à celle de l'industrie de transformation en Afrique (3,5%).

Comparaison avec les voisins. La fabrication du Gabon était inférieure à celle du Cameroun (2,6 milliards de dollars), de la Guinée équatoriale (1,1 milliards de dollars) et de la république du Congo (437,5 millions de dollars). La fabrication par habitant au Gabon était supérieure à celle du Cameroun (150,3 de dollars) et de la république du Congo (118,4 de dollars); mais inférieure à celle de la Guinée équatoriale (1 515,0 de dollars). La croissance de l'industrie de transformation au Gabon était inférieure à celle de la Guinée équatoriale (29,0%), du Congo (9,7%) et du Cameroun (4,8%).

Comparaison avec les leaders. La fabrication du Gabon était inférieure à celle des États-Unis (1,6 billions de dollars), de la Chine (1,1 billions de dollars), du Japon (992,9 milliards de dollars), de l'Allemagne (551,4 milliards de dollars) et de l'Italie (277,2 milliards de dollars). La fabrication par habitant au Gabon était inférieure à celle du Japon (7 745,8 de dollars), de l'Allemagne (6 767,6 de dollars), des États-Unis (5 598,7 de dollars), de l'Italie (4 734,1 de dollars) et de la Chine (820,9 de dollars). La croissance de l'industrie de transformation au Gabon était supérieure à celle des États-Unis (1,6%), du Japon (0,32%), de l'Allemagne (0,099%) et de l'Italie (-1,3%).

Les années 2010

La fabrication du Gabon était de 942,1 millions de dollars par an dans les années 2010, au 141ème rang mondial à égalité avec Malte (958,3 millions de dollars). La part dans le monde était de 0,0077% et de 0,40% en Afrique.

La part de l'industrie de transformation dans l'économie du Gabon était de 6,2% dans les années 2010, au 160ème rang mondial à égalité avec la Mélanésie (6,2%).

La fabrication par habitant au Gabon s'élevait à 505 dollars dans les années 2010, au 108ème rang mondial à égalité avec Hong Kong (513,8 de dollars). La fabrication par habitant au Gabon était moins que la fabrication par habitant dans le monde (1 682,7 US$) de 3,3 fois, et plus de 2,5 fois supérieur au fabrication par habitant en Afrique (203,5 US$).

La croissance de la fabrication au Gabon était de 6.4% dans les années 2010, se situant au 34ème rang mondial à égalité avec la Mauritanie (6,4%). La croissance de l'industrie de transformation au Gabon (6,4%) était supérieure à celle de l'industrie de transformation dans le monde (4,1%), et supérieure à celle de l'industrie de transformation en Afrique (3,6%).

Comparaison avec les voisins. La fabrication du Gabon était 6,7% supérieure à celui du Congo (883,0 millions de dollars); mais 5,0 fois inférieure à celui du Cameroun (4,7 milliards de dollars) et 3,7 fois inférieure à celui de la Guinée équatoriale (3,5 milliards de dollars). La fabrication par habitant au Gabon était 2,4 fois supérieure à celui du Cameroun (212,3 de dollars) et 2,8 fois supérieure à celui du Congo (180,9 de dollars); mais 6,2 fois inférieure à celui de la Guinée équatoriale (3 106,4 de dollars). La croissance de la fabrication au Gabon était supérieure à celle du Cameroun (4,5%), du Congo (3,4%) et de la Guinée équatoriale (-0,73%).

Comparaison avec les leaders. La fabrication du Gabon était 3 195,6 fois inférieure à celui de la Chine (3,0 billions de dollars), 2 166,2 fois inférieure à celui des États-Unis (2,0 billions de dollars), 1 123,8 fois inférieure à celui du Japon (1,1 billions de dollars), 781,9 fois inférieure à celui de l'Allemagne (736,7 milliards de dollars) et 411,3 fois inférieure à celui de la Corée du Sud (387,5 milliards de dollars). La fabrication par habitant au Gabon était 17,9 fois inférieure à celui de l'Allemagne (9 037,1 de dollars), 16,4 fois inférieure à celui du Japon (8 269,2 de dollars), 15,2 fois inférieure à celui de la Corée du Sud (7 692,6 de dollars), 12,7 fois inférieure à celui des États-Unis (6 423,2 de dollars) et 4,3 fois inférieure à celui de la Chine (2 167,7 de dollars). La croissance de l'industrie de transformation au Gabon était supérieure à celle de l'Allemagne (4,3%), de la Corée du Sud (4,1%), du Japon (3,0%) et des États-Unis (1,8%); mais inférieure à celle de la Chine (7,9%).

Chapitre VI. Construction

(ISIC F)

La construction du Gabon est passé de 190,2 millions de dollars dans les années 1970 à 876,5 millions de dollars par an dans les années 2010, soit une augmentation de 686,3 millions de dollars ou de 4,6 fois. La variation a été de -35,4 millions de dollars en raison de la baisse de 0,96 fois du prix, et de 363,1 millions de dollars en raison de la croissance de la productivité de 1,7 fois, et de 358,5 millions de dollars en raison de la croissance démographique. La croissance annuelle moyenne de la construction était de 4,1%. La construction minimum était de 26,6 millions de dollars en 1970. La construction maximum était de 1,1 milliards de dollars en 2013.

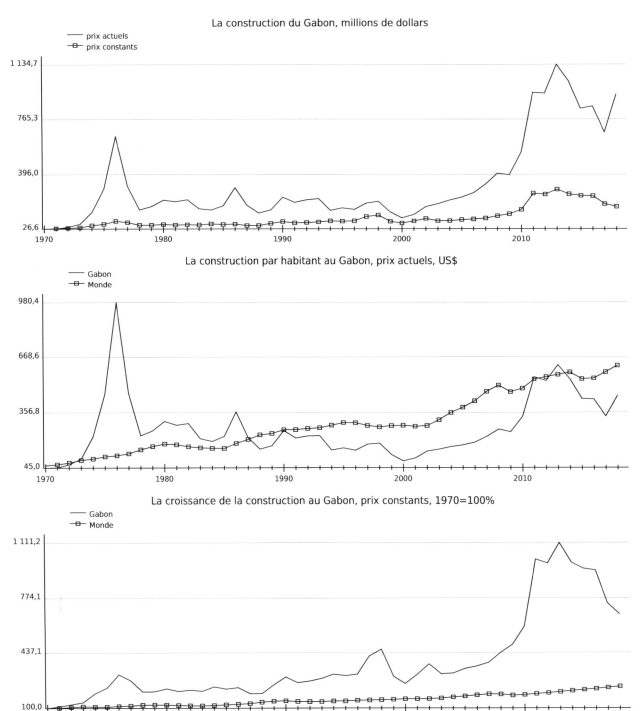

La construction du Gabon, millions de dollars

La construction par habitant au Gabon, prix actuels, US$

La croissance de la construction au Gabon, prix constants, 1970=100%

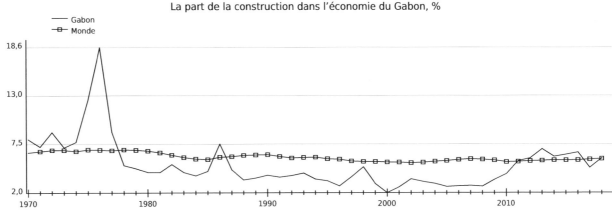

La part de la construction dans l'économie du Gabon, %

Les années 1970

La construction du Gabon était de 190,2 millions de dollars par an dans les années 1970, se situant au 76ème rang mondial à égalité avec le Costa Rica (188,3 millions de dollars). La part dans le monde était de 0,044% et de 1,2% en Afrique.

La part de la construction dans l'économie du Gabon était de 9,4% dans les années 1970, se situant au 24ème rang mondial.

La construction par habitant au Gabon s'élevait à 294.1 dollars dans les années 1970, au 38ème rang mondial à égalité avec l'Espagne (294,9 de dollars), la Nouvelle-Zélande (295,1 de dollars), l'Italie (290,4 de dollars). La construction par habitant au Gabon était plus que la construction par habitant dans le monde (106,1 US$) de 2,8 fois, et plus de 7,4 fois supérieur au construction par habitant en Afrique (39,6 US$).

La croissance de la construction au Gabon était de 8.1% dans les années 1970, se situant au 47ème rang mondial à égalité avec la Palestine (8,0%), Malte (8,1%), les Tonga (8,2%). La croissance de la construction au Gabon (8,1%) était supérieure à celle de la construction dans le monde (2,1%), et supérieure à celle de la construction en Afrique (4,5%).

Comparaison avec les voisins. La construction du Gabon était supérieure à celle du Congo (19,3 millions de dollars) et de la Guinée équatoriale (247 647,0 de dollars); mais inférieure à celle du Cameroun (271,5 millions de dollars). La construction par habitant au Gabon était supérieure à celle du Cameroun (36,7 de dollars), du Congo (12,3 de dollars) et de la Guinée équatoriale (0,92 de dollars). La croissance de la construction au Gabon était supérieure à celle du Congo (5,7%), du Cameroun (5,7%) et de la Guinée équatoriale (2,3%).

Comparaison avec les leaders. La construction du Gabon était inférieure à celle des États-Unis (81,1 milliards de dollars), de l'URSS (52,5 milliards de dollars), du Japon (43,5 milliards de dollars), de l'Allemagne (33,8 milliards de dollars) et de la France (22,4 milliards de dollars). La construction par habitant au Gabon était supérieure à celle de l'URSS (207,9 de dollars); mais inférieure à celle de l'Allemagne (428,6 de dollars), de la France (415,5 de dollars), du Japon (390,8 de dollars) et des États-Unis (371,3 de dollars). La croissance de la construction au Gabon était supérieure à celle de l'URSS (6,5%), du Japon (3,4%), de la France (2,0%), de l'Allemagne (0,66%) et des États-Unis (0,31%).

Les années 1980

La construction du Gabon était de 196,1 millions de dollars par an dans les années 1980, au 93ème rang mondial à égalité avec le Yémen (194,4 millions de dollars). La part dans le monde était de 0,022% et de 0,68% en Afrique.

La part de la construction dans l'économie du Gabon était de 4,5% dans les années 1980, au 129ème rang mondial à égalité avec Macao (4,5%), l'Amérique septentrionale (4,5%), les Fidji (4,5%).

La construction par habitant au Gabon s'élevait à 238.4 dollars dans les années 1980, se situant au 58ème rang mondial à égalité avec l'Est (244,2 de dollars). La construction par habitant au Gabon était plus que la construction par habitant dans le monde (185,9 US$) de 28,2%, et plus de 4,5 fois supérieur au construction par habitant en Afrique (52,9 US$).

La croissance de la construction au Gabon était de 1.9% dans les années 1980, au 104ème rang mondial à égalité avec la Somalie (1,9%). La croissance de la construction au Gabon (1,9%) était supérieure à celle de la construction dans le monde (1,7%), et supérieure à celle de la construction en Afrique (0,35%).

Comparaison avec les voisins. La construction du Gabon était supérieure à celle du Congo (80,1 millions de dollars) et de la Guinée équatoriale (734 668,1 de dollars); mais inférieure à celle du Cameroun (870,6 millions de dollars). La construction par habitant au Gabon était supérieure à celle du Cameroun (87,6 de dollars), de la république du Congo (38,1 de dollars) et de la Guinée équatoriale (2,2 de dollars). La croissance de la construction au Gabon était supérieure à celle du Cameroun (-4,0%) et du Congo (-4,9%); mais inférieure à celle de la Guinée équatoriale (3,3%).

Comparaison avec les leaders. La construction du Gabon était inférieure à celle des États-Unis (180,6 milliards de dollars), du Japon (138,7 milliards de dollars), de l'URSS (72,1 milliards de dollars), de l'Allemagne (57,8 milliards de dollars) et de la France (42,5 milliards de dollars). La construction par habitant au Gabon était inférieure à celle du Japon (1 143,8 de dollars), des États-Unis (753,3 de dollars), de la France (749,5 de dollars), de l'Allemagne (739,9 de dollars) et de l'URSS (261,7 de dollars). La croissance de la construction au Gabon était supérieure à celle des États-Unis (1,1%), de la France (0,67%) et de l'Allemagne (-0,52%); mais inférieure à celle de l'URSS (6,2%) et du Japon (2,1%).

Les années 1990

La construction du Gabon était de 195,4 millions de dollars par an dans les années 1990, se situant au 125ème rang mondial à égalité avec Maurice (195,4 millions de dollars). La part dans le monde était de 0,012% et de 0,80% en Afrique.

La part de la construction dans l'économie du Gabon était de 3,7% dans les années 1990, au 170ème rang mondial à égalité avec la Guinée-Bissau (3,7%), Nauru (3,7%).

La construction par habitant au Gabon s'élevait à 182 dollars dans les années 1990, au 82ème rang mondial à égalité avec les Îles Marshall (181,2 de dollars), la Jamaïque (179,5 de dollars). La construction par habitant au Gabon était moins que la construction par habitant dans le monde (278,2 US$) de 34,6%, et plus de 5,3 fois supérieur au construction par habitant en Afrique (34,3 US$).

La croissance de la construction au Gabon était de 1.9% dans les années 1990, se situant au 113ème rang mondial à égalité avec la Gambie (1,9%), l'Afrique centrale (1,9%). La croissance de la construction au Gabon (1,9%) était supérieure à celle de la construction dans le monde (0,70%), et inférieure à celle de la construction en Afrique (2,8%).

Comparaison avec les voisins. La construction du Gabon était supérieure à celle du Congo (37,9 millions de dollars) et de la Guinée équatoriale (6,7 millions de dollars); mais inférieure à celle du Cameroun (621,6 millions de dollars). La construction par habitant au Gabon était supérieure à celle du Cameroun (46,8 de dollars), du Congo (13,7 de dollars) et de la Guinée équatoriale (13,3 de dollars). La croissance de la construction au Gabon était supérieure à celle du Cameroun (-2,8%); mais inférieure à celle de la Guinée équatoriale (28,5%) et de la république du Congo (3,3%).

Comparaison avec les leaders. La construction du Gabon était inférieure à celle du Japon (343,2 milliards de dollars), des États-Unis (299,1 milliards de dollars), de l'Allemagne (125,2 milliards de dollars), du Royaume-Uni (70,1 milliards de dollars) et de la France (68,8 milliards de dollars). La construction par habitant au Gabon était inférieure à celle du Japon (2 721,5 de dollars), de l'Allemagne (1 550,6 de dollars), du Royaume-Uni (1 209,8 de dollars), de la France (1 150,3 de dollars) et des États-Unis (1 129,4 de dollars). La croissance de la construction au Gabon était supérieure à celle des États-Unis (1,8%), de l'Allemagne (-0,041%), du Royaume-Uni (-0,26%), de la France (-0,65%) et du Japon (-1,0%).

Les années 2000

La construction du Gabon était de 247,0 millions de dollars par an dans les années 2000, se situant au 143ème rang mondial. La part dans le monde était de 0,0100% et de 0,51% en Afrique.

La part de la construction dans l'économie du Gabon était de 2,9% dans les années 2000, se situant au 189ème rang mondial à égalité avec le Togo (2,9%), la Thaïlande (2,9%).

La construction par habitant au Gabon s'élevait à 177.2 dollars dans les années 2000, se situant au 113ème rang mondial à égalité avec la Serbie (180,7 de dollars), la Macédoine du Nord (181,1 de dollars). La construction par habitant au Gabon était moins que la construction par habitant dans le monde (380,9 US$) de 2,1 fois, et plus de 3,3 fois supérieur au construction par habitant en Afrique (53,3 US$).

La croissance de la construction au Gabon était de 5.2% dans les années 2000, se situant au 96ème rang mondial à égalité avec Chypre (5,2%). La croissance de la construction au Gabon (5,2%) était supérieure à celle de la construction dans le monde (1,5%), et inférieure à celle de la construction en Afrique (8,5%).

Comparaison avec les voisins. La construction du Gabon était inférieure à celle du Cameroun (851,1 millions de dollars), de la Guinée équatoriale (587,5 millions de dollars) et de la république du Congo (342,4 millions de dollars). La construction par habitant au Gabon était supérieure à celle du Congo (92,6 de dollars) et du Cameroun (49,3 de dollars); mais inférieure à celle de la Guinée équatoriale (783,7 de dollars). La croissance de la construction au Gabon était inférieure à celle de la Guinée équatoriale (42,7%), de la république du Congo (21,2%) et du Cameroun (18,8%).

Comparaison avec les leaders. La construction du Gabon était inférieure à celle des États-Unis (583,0 milliards de dollars), du Japon (270,5 milliards de dollars), de la Chine (150,1 milliards de dollars), du Royaume-Uni (130,2 milliards de dollars) et de l'Espagne (111,8 milliards de dollars). La construction par habitant au Gabon était supérieure à celle de la Chine (113,9 de dollars); mais inférieure à celle de l'Espagne (2 559,5 de dollars), du Royaume-Uni (2 154,9 de dollars), du Japon (2 109,9 de dollars) et des États-Unis (1 983,0 de dollars). La croissance de la construction au Gabon était supérieure à celle de l'Espagne (1,7%), du Royaume-Uni (0,17%), des États-Unis (-2,6%) et du Japon (-3,9%); mais inférieure à celle de la Chine (11,9%).

Les années 2010

La construction du Gabon était de 876,5 millions de dollars par an dans les années 2010, se situant au 124ème rang mondial à égalité avec la Bolivie (876,7 millions de dollars). La part dans le monde était de 0,021% et de 0,70% en Afrique.

La part de la construction dans l'économie du Gabon était de 5,8% dans les années 2010, se situant au 112ème rang mondial à égalité avec la Tchéquie (5,8%), la Palestine (5,8%), Sainte-Lucie (5,8%).

La construction par habitant au Gabon s'élevait à 469.8 dollars dans les années 2010, au 95ème rang mondial à égalité avec Saint-Vincent-et-les-Grenadines (466,6 de dollars), Cuba (466,1 de dollars), les Caraïbes (463,1 de dollars). La construction par habitant au Gabon était moins que la construction par habitant dans le monde (562,1 US$) de 16,4%, et plus de 4,4 fois supérieur au construction par habitant en Afrique (107,6 US$).

La croissance de la construction au Gabon était de 3.7% dans les années 2010, se situant au 95ème rang mondial à égalité avec l'Arabie saoudite (3,7%). La croissance de la construction au Gabon (3,7%) était supérieure à celle de la construction dans le monde (3,0%), et inférieure à celle de la construction en Afrique (5,8%).

Comparaison avec les voisins. La construction du Gabon était 43,0% inférieure à celui de la Guinée équatoriale (1,5 milliards de dollars), 42,1% inférieure à celui du Cameroun (1,5 milliards de dollars) et 33,4% inférieure à celui de la république du Congo (1,3 milliards de dollars). La construction par habitant au Gabon était 74,3% supérieure à celui du Congo (269,6 de dollars) et 6,9 fois supérieure à celui du Cameroun (68,0 de dollars); mais 2,9 fois inférieure à celui de la Guinée équatoriale (1 360,5 de dollars). La croissance de la construction au Gabon était supérieure à celle de la république du Congo (3,1%) et de la Guinée équatoriale (-16,8%); mais inférieure à celle du Cameroun (6,5%).

Comparaison avec les leaders. La construction du Gabon était 778,0 fois inférieure à celui de la Chine (681,9 milliards de dollars), 747,7 fois inférieure à celui des États-Unis (655,3 milliards de dollars), 316,6 fois inférieure à celui du Japon (277,5 milliards de dollars), 188,2 fois inférieure à celui de l'Inde (165,0 milliards de dollars) et 171,2 fois inférieure à celui de l'Allemagne (150,0 milliards de dollars). La construction par habitant au Gabon était 3,7 fois supérieure à celui de l'Inde (127,6 de dollars); mais 4,6 fois inférieure à celui du Japon (2 167,1 de dollars), 4,4 fois inférieure à celui des États-Unis (2 062,5 de dollars), 3,9 fois inférieure à celui de l'Allemagne (1 840,4 de dollars) et 4,3% inférieure à celui de la Chine (490,9 de dollars). La croissance de la construction au Gabon était supérieure à celle du Japon (2,3%), de l'Allemagne (1,7%) et des États-Unis (1,4%); mais inférieure à celle de la Chine (8,2%) et de l'Inde (5,6%).

Chapitre VII. Transport

Transport et stockage (ISIC I)

Le transport du Gabon est passé de 90,7 millions de dollars dans les années 1970 à 872,7 millions de dollars par an dans les années 2010, soit une augmentation de 781,9 millions de dollars ou de 9,6 fois. La variation a été de 555,7 millions de dollars en raison de l'augmentation de 2,8 fois des prix, et de 55,1 millions de dollars en raison de la croissance de la productivité de 1,2 fois, et de 171,1 millions de dollars en raison de la croissance démographique. La croissance annuelle moyenne des services de transport était de 5,1%. Le transport minimum était de 13,8 millions de dollars en 1970. Le transport maximum était de 1,3 milliards de dollars en 2017.

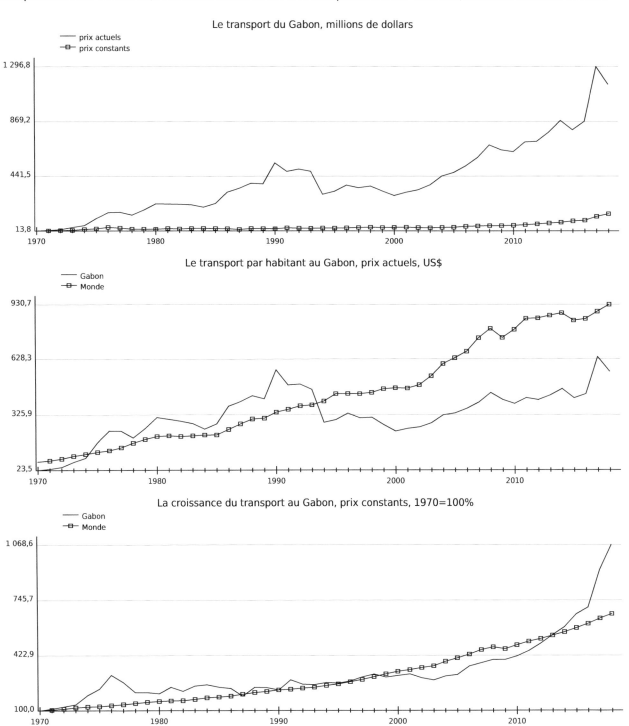

Le transport du Gabon, millions de dollars

Le transport par habitant au Gabon, prix actuels, US$

La croissance du transport au Gabon, prix constants, 1970=100%

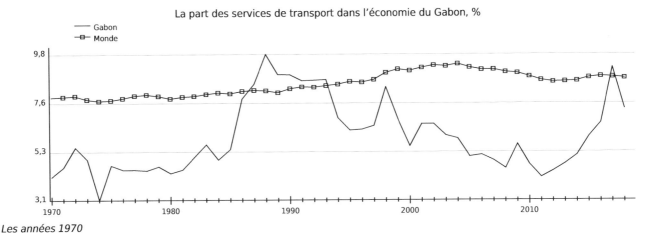

La part des services de transport dans l'économie du Gabon, %

Les années 1970

Le transport du Gabon était de 90,7 millions de dollars par an dans les années 1970, au 102ème rang mondial. La part dans le monde était de 0,018% et de 0,40% en Afrique.

La part des services de transport dans l'économie du Gabon était de 4,5% dans les années 1970, au 143ème rang mondial à égalité avec l'Angola (4,4%), le Brésil (4,5%).

Le transport par habitant au Gabon s'élevait à 140.3 dollars dans les années 1970, au 52ème rang mondial à égalité avec Cuba (141,0 de dollars). Le transport par habitant au Gabon était plus que le transport par habitant dans le monde (122,5 US$) de 14,6%, et plus de 2,5 fois supérieur au transport par habitant en Afrique (55,5 US$).

La croissance des services de transport au Gabon était de 8.3% dans les années 1970, au 36ème rang mondial à égalité avec la Roumanie (8,3%). La croissance des services de transport au Gabon (8,3%) était supérieure à celle des services de transport dans le monde (4,5%), et supérieure à celle des services de transport en Afrique (5,9%).

Comparaison avec les voisins. Le transport du Gabon était supérieure à celle de la Guinée équatoriale (5,2 millions de dollars); mais inférieure à celle du Cameroun (284,8 millions de dollars) et du Congo (111,9 millions de dollars). Le transport par habitant au Gabon était supérieure à celle du Congo (71,2 de dollars), du Cameroun (38,5 de dollars) et de la Guinée équatoriale (19,3 de dollars). La croissance des services de transport au Gabon était supérieure à celle du Cameroun (5,7%), du Congo (3,9%) et de la Guinée équatoriale (2,0%).

Comparaison avec les leaders. Le transport du Gabon était inférieure à celle des États-Unis (168,6 milliards de dollars), du Japon (46,4 milliards de dollars), de l'Allemagne (29,6 milliards de dollars), de l'URSS (28,8 milliards de dollars) et du Royaume-Uni (24,3 milliards de dollars). Le transport par habitant au Gabon était supérieure à celle de l'URSS (114,0 de dollars); mais inférieure à celle des États-Unis (771,9 de dollars), du Royaume-Uni (433,3 de dollars), du Japon (416,6 de dollars) et de l'Allemagne (376,1 de dollars). La croissance du transport au Gabon était supérieure à celle de l'URSS (8,1%), des États-Unis (4,2%), de l'Allemagne (3,0%), du Royaume-Uni (1,9%) et du Japon (1,7%).

Les années 1980

Le transport du Gabon était de 276,1 millions de dollars par an dans les années 1980, se situant au 97ème rang mondial. La part dans le monde était de 0,024% et de 0,56% en Afrique.

La part du transport dans l'économie du Gabon était de 6,4% dans les années 1980, au 112ème rang mondial à égalité avec l'Asie du Sud (6,4%), le Guyana (6,4%).

Le transport par habitant au Gabon s'élevait à 335.6 dollars dans les années 1980, au 53ème rang mondial à égalité avec le Panama (336,2 de dollars), la Nouvelle-Calédonie (336,5 de dollars). Le transport par habitant au Gabon était plus que le transport par habitant dans le monde (242,4 US$) de 38,5%, et plus de 3,7 fois supérieur au transport par habitant en Afrique (89,7 US$).

La croissance des services de transport au Gabon était de 1.3% dans les années 1980, au 153ème rang mondial à égalité avec les Bermudes (1,3%). La croissance du transport au Gabon (1,3%) était inférieure à celle du transport dans le monde (3,5%), et inférieure à celle du transport en Afrique (2,7%).

Comparaison avec les voisins. Le transport du Gabon était supérieure à celle de la Guinée équatoriale (13,8 millions de dollars); mais inférieure à celle du Cameroun (701,6 millions de dollars) et du Congo (357,4 millions de dollars). Le transport par habitant au Gabon était supérieure à celle du Congo (170,1 de dollars), du Cameroun (70,6 de dollars) et de la Guinée équatoriale (40,5 de dollars). La croissance du transport au Gabon était inférieure à celle de la république du Congo (4,2%), de la Guinée équatoriale (2,0%) et du Cameroun (1,9%).

Comparaison avec les leaders. Le transport du Gabon était inférieure à celle des États-Unis (394,9 milliards de dollars), du Japon (147,7 milliards de dollars), de l'Allemagne (56,6 milliards de dollars), de la France (56,2 milliards de dollars) et du Royaume-Uni (55,0 milliards de dollars). Le transport par habitant au Gabon était inférieure à celle des États-Unis (1 647,0 de dollars), du Japon (1 217,7 de dollars), de la France (990,5 de dollars), du Royaume-Uni (973,0 de dollars) et de l'Allemagne (725,2 de dollars). La croissance des services de transport au Gabon était inférieure à celle de la France (5,4%), du Japon (4,7%), des États-Unis (3,6%), du Royaume-Uni (3,0%) et de l'Allemagne (1,8%).

Les années 1990

Le transport du Gabon était de 403,7 millions de dollars par an dans les années 1990, au 106ème rang mondial à égalité avec la Polynésie (396,1 millions de dollars). La part dans le monde était de 0,017% et de 0,90% en Afrique.

La part des services de transport dans l'économie du Gabon était de 7,6% dans les années 1990, se situant au 109ème rang mondial à égalité avec Cuba (7,6%), la Thaïlande (7,6%), la Barbade (7,7%).

Le transport par habitant au Gabon s'élevait à 375.9 dollars dans les années 1990, au 72ème rang mondial à égalité avec l'Estonie (378,0 de dollars), la Turquie (382,4 de dollars), Saint-Vincent-et-les-Grenadines (368,2 de dollars). Le transport par habitant au Gabon était moins que le transport par habitant dans le monde (410,1 US$) de 8,3%, et plus de 6,0 fois supérieur au transport par habitant en Afrique (62,6 US$).

La croissance des services de transport au Gabon était de 2.3% dans les années 1990, au 148ème rang mondial à égalité avec la Belgique (2,3%). La croissance des services de transport au Gabon (2,3%) était inférieure à celle des services de transport dans le monde (4,0%), et inférieure à celle du transport en Afrique (3,6%).

Comparaison avec les voisins. Le transport du Gabon était supérieure à celle du Congo (380,9 millions de dollars) et de la Guinée équatoriale (24,3 millions de dollars); mais inférieure à celle du Cameroun (879,5 millions de dollars). Le transport par habitant au Gabon était supérieure à celle du Congo (137,4 de dollars), du Cameroun (66,2 de dollars) et de la Guinée équatoriale (48,5 de dollars). La croissance des services de transport au Gabon était supérieure à celle du Cameroun (1,3%) et de la république du Congo (-2,8%); mais inférieure à celle de la Guinée équatoriale (3,3%).

Comparaison avec les leaders. Le transport du Gabon était inférieure à celle des États-Unis (702,6 milliards de dollars), du Japon (373,9 milliards de dollars), de l'Allemagne (144,3 milliards de dollars), du Royaume-Uni (121,9 milliards de dollars) et de la France (118,7 milliards de dollars). Le transport par habitant au Gabon était inférieure à celle du Japon (2 965,5 de dollars), des États-Unis (2 652,5 de dollars), du Royaume-Uni (2 103,9 de dollars), de la France (1 984,5 de dollars) et de l'Allemagne (1 787,0 de dollars). La croissance des services de transport au Gabon était inférieure à celle des États-Unis (5,0%), de la France (4,8%), du Royaume-Uni (4,7%), de l'Allemagne (3,9%) et du Japon (3,0%).

Les années 2000

Le transport du Gabon était de 467,0 millions de dollars par an dans les années 2000, se situant au 126ème rang mondial à égalité avec le Cambodge (463,0 millions de dollars). La part dans le monde était de 0,012% et de 0,52% en Afrique.

La part du transport dans l'économie du Gabon était de 5,4% dans les années 2000, se situant au 179ème rang mondial à égalité avec la Chine (5,4%), le Malawi (5,4%).

Le transport par habitant au Gabon s'élevait à 335 dollars dans les années 2000, se situant au 104ème rang mondial à égalité avec Cuba (336,0 de dollars), l'Amérique du Sud (338,7 de dollars), le Costa Rica (339,1 de dollars). Le transport par habitant au Gabon était moins que le transport par habitant dans le monde (621,3 US$) de 46,1%, et plus de 3,4 fois supérieur au transport par habitant en Afrique (98,4 US$).

La croissance du transport au Gabon était de 3.1% dans les années 2000, se situant au 149ème rang mondial à égalité avec l'Amérique septentrionale (3,1%), l'Europe du Nord (3,1%), les États-Unis (3,1%). La croissance des services de transport au Gabon (3,1%) était inférieure à celle des services de transport dans le monde (3,9%), et inférieure à celle du transport en Afrique (9,4%).

Comparaison avec les voisins. Le transport du Gabon était supérieure à celle de la Guinée équatoriale (258,3 millions de dollars); mais inférieure à celle du Cameroun (1,4 milliards de dollars) et de la république du Congo (559,6 millions de dollars). Le transport par habitant au Gabon était supérieure à celle du Congo (151,4 de dollars) et du Cameroun (80,6 de dollars); mais inférieure à celle de la Guinée équatoriale (344,5 de dollars). La croissance du transport au Gabon était inférieure à celle de la Guinée équatoriale (12,8%), de la république du Congo (9,0%) et du Cameroun (4,7%).

Comparaison avec les leaders. Le transport du Gabon était inférieure à celle des États-Unis (1,2 billions de dollars), du Japon (468,5 milliards de dollars), de l'Allemagne (228,2 milliards de dollars), du Royaume-Uni (220,5 milliards de dollars) et de la France (185,6 milliards de dollars). Le transport par habitant au Gabon était inférieure à celle des États-Unis (4 027,7 de dollars), du Japon (3 654,9 de dollars), du Royaume-Uni (3 649,5 de dollars), de la France (2 941,6 de dollars) et de l'Allemagne (2 801,2 de dollars). La croissance du transport au Gabon était supérieure à celle de la France (2,7%) et du Japon (1,5%); mais inférieure à celle de l'Allemagne (3,4%), du Royaume-Uni (3,1%) et des États-Unis (3,1%).

Les années 2010

Le transport du Gabon était de 872,7 millions de dollars par an dans les années 2010, au 130ème rang mondial à égalité avec le Botswana (867,8 millions de dollars), le Soudan du Sud (885,7 millions de dollars), la Guinée équatoriale (856,1 millions de dollars). La part dans le monde était de 0,014% et de 0,44% en Afrique.

La part des services de transport dans l'économie du Gabon était de 5,8% dans les années 2010, au 177ème rang mondial à égalité avec le Rwanda (5,8%).

Le transport par habitant au Gabon s'élevait à 467.8 dollars dans les années 2010, au 106ème rang mondial à égalité avec la Thaïlande (467,6 de dollars), la Serbie (465,6 de dollars), la Tunisie (458,4 de dollars). Le transport par habitant au Gabon était moins que le transport par habitant dans le monde (864,9 US$) de 45,9%, et plus de 2,7 fois supérieur au transport par habitant en Afrique (171,8 US$).

La croissance du transport au Gabon était de 11.6% dans les années 2010, se situant au 5ème rang mondial. La croissance du transport au Gabon (11,6%) était supérieure à celle du transport dans le monde (4,2%), et supérieure à celle des services de transport en Afrique (5,2%).

Comparaison avec les voisins. Le transport du Gabon était 1,9% supérieure à celui de la Guinée équatoriale (856,1 millions de dollars); mais 2,9 fois inférieure à celui du Cameroun (2,5 milliards de dollars) et 29,4% inférieure à celui du Congo (1,2 milliards de dollars). Le transport par habitant au Gabon était 84,7% supérieure à celui du Congo (253,3 de dollars) et 4,2 fois supérieure à celui du Cameroun (112,0 de dollars); mais 38,2% inférieure à celui de la Guinée équatoriale (757,2 de dollars). La croissance des services de transport au Gabon était supérieure à celle du Cameroun (4,8%), de la Guinée équatoriale (3,3%) et du Congo (1,8%).

Comparaison avec les leaders. Le transport du Gabon était 1 987,9 fois inférieure à celui des États-Unis (1,7 billions de dollars), 609,6 fois inférieure à celui du Japon (531,9 milliards de dollars), 512,6 fois inférieure à celui de la Chine (447,4 milliards de dollars), 339,5 fois inférieure à celui de l'Allemagne (296,2 milliards de dollars) et 298,4 fois inférieure à celui du Royaume-Uni (260,4 milliards de dollars). Le transport par habitant au Gabon était 45,2% supérieure à celui de la Chine (322,1 de dollars); mais 11,7 fois inférieure à celui des États-Unis (5 459,6 de dollars), 8,9 fois inférieure à celui du Japon (4 154,5 de dollars), 8,6 fois inférieure à celui du Royaume-Uni (4 006,4 de dollars) et 7,8 fois inférieure à celui de l'Allemagne (3 634,0 de dollars). La croissance des services de transport au Gabon était supérieure à celle de la Chine (7,4%), des États-Unis (5,0%), du Royaume-Uni (2,8%), de l'Allemagne (2,3%) et du Japon (0,77%).

Chapitre VIII. Commerce

Commerce de gros et de détail; restaurants et hôtels (ISIC G-H)

Le commerce du Gabon est passé de 137,4 millions de dollars dans les années 1970 à 798,1 millions de dollars par an dans les années 2010, soit une augmentation de 660,7 millions de dollars ou de 5,8 fois. La variation a été de 572,9 millions de dollars en raison de l'augmentation de 3,5 fois des prix, et de -171,4 millions de dollars en raison de la baisse de productivité de 0,57 fois, et de 259,1 millions de dollars en raison de la croissance démographique. La croissance annuelle moyenne du commerce était de 2,4%. Le commerce minimum était de 31,6 millions de dollars en 1970. Le commerce maximum était de 910,6 millions de dollars en 2014.

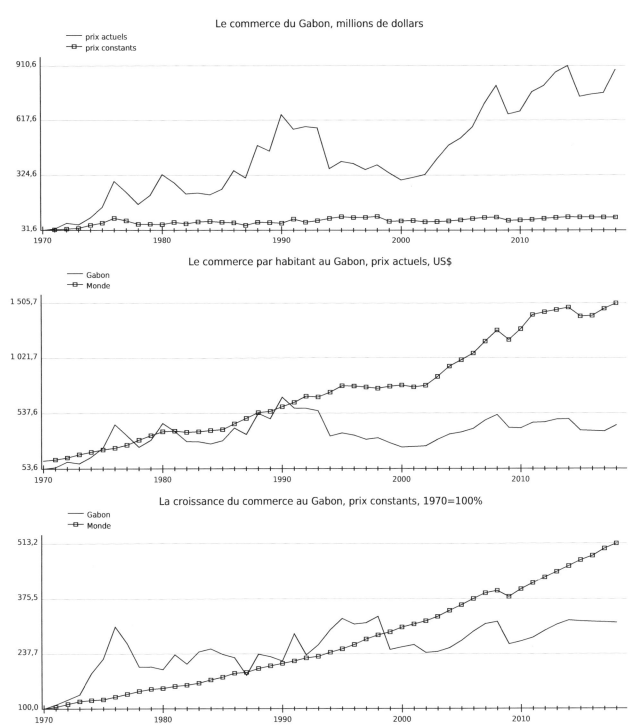

Le commerce du Gabon, millions de dollars

Le commerce par habitant au Gabon, prix actuels, US$

La croissance du commerce au Gabon, prix constants, 1970=100%

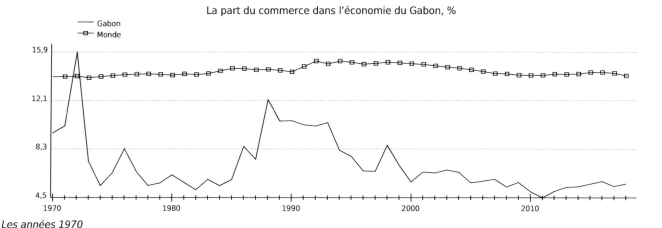

La part du commerce dans l'économie du Gabon, %

Les années 1970

Le commerce du Gabon était de 137,4 millions de dollars par an dans les années 1970, au 114ème rang mondial à égalité avec Chypre (137,1 millions de dollars), l'Islande (138,5 millions de dollars). La part dans le monde était de 0,015% et de 0,45% en Afrique.

La part du commerce dans l'économie du Gabon était de 6,8% dans les années 1970, au 171ème rang mondial.

Le commerce par habitant au Gabon s'élevait à 212.5 dollars dans les années 1970, se situant au 67ème rang mondial à égalité avec l'Est (212,6 de dollars), le Panama (214,6 de dollars), la Libye (216,1 de dollars). Le commerce par habitant au Gabon était moins que le commerce par habitant dans le monde (220,7 US$) de 3,7%, et plus de 2,9 fois supérieur au commerce par habitant en Afrique (73,6 US$).

La croissance du commerce au Gabon était de 8.3% dans les années 1970, se situant au 27ème rang mondial. La croissance du commerce au Gabon (8,3%) était supérieure à celle du commerce dans le monde (4,5%), et supérieure à celle du commerce en Afrique (4,2%).

Comparaison avec les voisins. Le commerce du Gabon était supérieure à celle du Congo (109,0 millions de dollars) et de la Guinée équatoriale (8,6 millions de dollars); mais inférieure à celle du Cameroun (549,0 millions de dollars). Le commerce par habitant au Gabon était supérieure à celle du Cameroun (74,3 de dollars), de la république du Congo (69,4 de dollars) et de la Guinée équatoriale (31,9 de dollars). La croissance du commerce au Gabon était supérieure à celle du Cameroun (5,7%), de la république du Congo (4,4%) et de la Guinée équatoriale (2,3%).

Comparaison avec les leaders. Le commerce du Gabon était inférieure à celle des États-Unis (278,3 milliards de dollars), du Japon (90,3 milliards de dollars), de l'URSS (62,3 milliards de dollars), de l'Allemagne (61,1 milliards de dollars) et de la France (40,9 milliards de dollars). Le commerce par habitant au Gabon était inférieure à celle des États-Unis (1 274,3 de dollars), du Japon (811,0 de dollars), de l'Allemagne (775,5 de dollars), de la France (759,1 de dollars) et de l'URSS (246,9 de dollars). La croissance du commerce au Gabon était supérieure à celle du Japon (8,2%), de l'URSS (5,2%), de la France (3,9%), des États-Unis (3,9%) et de l'Allemagne (3,0%).

Les années 1980

Le commerce du Gabon était de 313,4 millions de dollars par an dans les années 1980, au 119ème rang mondial à égalité avec la Polynésie (316,0 millions de dollars). La part dans le monde était de 0,015% et de 0,47% en Afrique.

La part du commerce dans l'économie du Gabon était de 7,3% dans les années 1980, se situant au 173ème rang mondial à égalité avec d'Oman (7,2%).

Le commerce par habitant au Gabon s'élevait à 380.9 dollars dans les années 1980, se situant au 71ème rang mondial à égalité avec Sainte-Lucie (381,7 de dollars), Saint-Christophe-et-Niévès (386,5 de dollars), la Tchécoslovaquie (375,3 de dollars). Le commerce par habitant au Gabon était moins que le commerce par habitant dans le monde (436,8 US$) de 12,8%, et plus de 3,1 fois supérieur au commerce par habitant en Afrique (121,3 US$).

La croissance du commerce au Gabon était de 1.2% dans les années 1980, se situant au 142ème rang mondial. La croissance du commerce au Gabon (1,2%) était inférieure à celle du commerce dans le monde (3,4%), et inférieure à celle du commerce en Afrique (3,3%).

Comparaison avec les voisins. Le commerce du Gabon était supérieure à celle de la Guinée équatoriale (25,4 millions de dollars); mais inférieure à celle du Cameroun (1,4 milliards de dollars) et du Congo (380,7 millions de dollars). Le commerce par habitant au Gabon était supérieure à celle de la république du Congo (181,1 de dollars), du Cameroun (145,1 de dollars) et de la Guinée équatoriale (74,5 de dollars). La croissance du commerce au Gabon était inférieure à celle de la république du Congo (5,8%), de la Guinée équatoriale (3,2%) et du Cameroun (1,9%).

Comparaison avec les leaders. Le commerce du Gabon était inférieure à celle des États-Unis (653,3 milliards de dollars), du Japon (277,3 milliards de dollars), de l'Allemagne (116,7 milliards de dollars), de l'URSS (112,3 milliards de dollars) et de l'Italie (95,7 milliards de dollars). Le commerce par habitant au Gabon était inférieure à celle des États-Unis (2 724,5 de dollars), du Japon (2 286,2 de dollars), de l'Italie (1 681,9 de dollars), de l'Allemagne (1 495,5 de dollars) et de l'URSS (407,7 de dollars). La croissance du commerce au Gabon était supérieure à celle de l'URSS (-0,62%); mais inférieure à celle du Japon (4,9%), des États-Unis (4,4%), de l'Italie (2,3%) et de l'Allemagne (1,8%).

Les années 1990

Le commerce du Gabon était de 458,6 millions de dollars par an dans les années 1990, se situant au 130ème rang mondial à égalité avec Macao (461,9 millions de dollars), les Bermudes (449,7 millions de dollars). La part dans le monde était de 0,011% et de 0,54% en Afrique.

La part du commerce dans l'économie du Gabon était de 8,7% dans les années 1990, se situant au 188ème rang mondial à égalité avec l'Ouzbékistan (8,7%), l'Inde (8,7%).

Le commerce par habitant au Gabon s'élevait à 427 dollars dans les années 1990, au 88ème rang mondial. Le commerce par habitant au Gabon était moins que le commerce par habitant dans le monde (719,5 US$) de 40,7%, et plus de 3,6 fois supérieur au commerce par habitant en Afrique (119,5 US$).

La croissance du commerce au Gabon était de 0.8% dans les années 1990, au 149ème rang mondial. La croissance du commerce au Gabon (0,75%) était inférieure à celle du commerce dans le monde (3,5%), et inférieure à celle du commerce en Afrique (2,7%).

Comparaison avec les voisins. Le commerce du Gabon était supérieure à celle du Congo (442,3 millions de dollars) et de la Guinée équatoriale (40,8 millions de dollars); mais inférieure à celle du Cameroun (1,6 milliards de dollars). Le commerce par habitant au Gabon était supérieure à celle de la république du Congo (159,6 de dollars), du Cameroun (120,2 de dollars) et de la Guinée équatoriale (81,4 de dollars). La croissance du commerce au Gabon était supérieure à celle de la république du Congo (-3,1%); mais inférieure à celle de la Guinée équatoriale (2,6%) et du Cameroun (1,4%).

Comparaison avec les leaders. Le commerce du Gabon était inférieure à celle des États-Unis (1,2 billions de dollars), du Japon (713,2 milliards de dollars), de l'Allemagne (243,7 milliards de dollars), de l'Italie (185,6 milliards de dollars) et de la France (177,0 milliards de dollars). Le commerce par habitant au Gabon était inférieure à celle du Japon (5 656,0 de dollars), des États-Unis (4 388,4 de dollars), de l'Italie (3 245,2 de dollars), de l'Allemagne (3 018,4 de dollars) et de la France (2 958,4 de dollars). La croissance du commerce au Gabon était inférieure à celle des États-Unis (4,3%), du Japon (3,8%), de l'Allemagne (2,5%), de la France (2,4%) et de l'Italie (1,9%).

Les années 2000

Le commerce du Gabon était de 509,8 millions de dollars par an dans les années 2000, au 149ème rang mondial à égalité avec la Guinée équatoriale (505,0 millions de dollars), le Laos (519,7 millions de dollars). La part dans le monde était de 0,0079% et de 0,34% en Afrique.

La part du commerce dans l'économie du Gabon était de 5,9% dans les années 2000, se situant au 203ème rang mondial à égalité avec le Liberia (5,9%), le Bhoutan (6,0%).

Le commerce par habitant au Gabon s'élevait à 365.7 dollars dans les années 2000, au 119ème rang mondial à égalité avec l'Eswatini (363,4 de dollars), la Serbie (368,3 de dollars), le Cap-Vert (362,5 de dollars). Le commerce par habitant au Gabon était moins que le commerce par habitant dans le monde (988,6 US$) de 2,7 fois, et plus de 2,3 fois supérieur au commerce par habitant en Afrique (162,5 US$).

La croissance du commerce au Gabon était de 0.5% dans les années 2000, au 187ème rang mondial. La croissance du commerce au Gabon (0,54%) était inférieure à celle du commerce dans le monde (2,7%), et inférieure à celle du commerce en Afrique (6,2%).

Comparaison avec les voisins. Le commerce du Gabon était supérieure à celle de la Guinée équatoriale (505,0 millions de dollars); mais inférieure à celle du Cameroun (3,1 milliards de dollars) et du Congo (591,8 millions de dollars). Le commerce par habitant au Gabon était supérieure à celle du Cameroun (177,2 de dollars) et du Congo (160,1 de dollars); mais inférieure à celle de la Guinée équatoriale (673,7 de dollars). La croissance du commerce au Gabon était inférieure à celle de la Guinée équatoriale (15,3%), de la république du Congo (10,5%) et du Cameroun (4,9%).

Comparaison avec les leaders. Le commerce du Gabon était inférieure à celle des États-Unis (1,9 billions de dollars), du Japon (771,8 milliards de dollars), de l'Allemagne (296,0 milliards de dollars), du Royaume-Uni (289,9 milliards de dollars) et de la Chine (262,0 milliards de dollars). Le commerce par habitant au Gabon était supérieure à celle de la Chine (198,9 de dollars); mais inférieure à celle des États-Unis (6 381,0 de dollars), du Japon (6 020,8 de dollars), du Royaume-Uni (4 797,8 de dollars) et de l'Allemagne (3 633,8 de dollars). La croissance du commerce au Gabon était supérieure à celle du Japon (-0,77%); mais inférieure à celle de la Chine (11,9%), de l'Allemagne (1,7%), du Royaume-Uni (1,4%) et des États-Unis (1,1%).

Les années 2010

Le commerce du Gabon était de 798,1 millions de dollars par an dans les années 2010, se situant au 157ème rang mondial à égalité avec l'Érythrée (799,9 millions de dollars), le Brunei (795,6 millions de dollars). La part dans le monde était de 0,0077% et de 0,24% en Afrique.

La part du commerce dans l'économie du Gabon était de 5,3% dans les années 2010, au 205ème rang mondial.

Le commerce par habitant au Gabon s'élevait à 427.8 dollars dans les années 2010, se situant au 144ème rang mondial à égalité avec Micronésie (426,8 de dollars), l'Égypte (429,8 de dollars), l'Afrique du Nord (437,2 de dollars). Le commerce par habitant au Gabon était moins que le commerce par habitant dans le monde (1 418,6 US$) de 3,3 fois, et plus de 47,1% supérieur au commerce par habitant en Afrique (290,8 US$).

La croissance du commerce au Gabon était de 2.1% dans les années 2010, au 151ème rang mondial à égalité avec les Îles Caïmans (2,1%), l'Europe (2,1%). La croissance du commerce au Gabon (2,1%) était inférieure à celle du commerce dans le monde (3,4%), et inférieure à celle du commerce en Afrique (4,1%).

Comparaison avec les voisins. Le commerce du Gabon était 7,8 fois inférieure à celui du Cameroun (6,3 milliards de dollars), 46,9% inférieure à celui de la république du Congo (1,5 milliards de dollars) et 38,4% inférieure à celui de la Guinée équatoriale (1,3 milliards de dollars). Le commerce par habitant au Gabon était 39,1% supérieure à celui du Congo (307,6 de dollars) et 52,3% supérieure à celui du Cameroun (280,9 de dollars); mais 2,7 fois inférieure à celui de la Guinée équatoriale (1 145,2 de dollars). La croissance du commerce au Gabon était supérieure à celle du Congo (1,6%) et de la Guinée équatoriale (-1,3%); mais inférieure à celle du Cameroun (4,3%).

Comparaison avec les leaders. Le commerce du Gabon était 3 210,2 fois inférieure à celui des États-Unis (2,6 billions de dollars), 1 403,1 fois inférieure à celui de la Chine (1,1 billions de dollars), 1 097,0 fois inférieure à celui du Japon (875,5 milliards de dollars), 462,3 fois inférieure à celui de l'Allemagne (369,0 milliards de dollars) et 412,8 fois inférieure à celui du Royaume-Uni (329,4 milliards de dollars). Le commerce par habitant au Gabon était 18,8 fois inférieure à celui des États-Unis (8 063,5 de dollars), 16,0 fois inférieure à celui du Japon (6 838,0 de dollars), 11,8 fois inférieure à celui du Royaume-Uni (5 068,2 de dollars), 10,6 fois inférieure à celui de l'Allemagne (4 526,3 de dollars) et 46,9% inférieure à celui de la Chine (806,3 de dollars). La croissance du commerce au Gabon était supérieure à celle de l'Allemagne (1,9%) et du Japon (1,1%); mais inférieure à celle de la Chine (8,9%), du Royaume-Uni (2,9%) et des États-Unis (2,5%).

Chapitre IX. Services

(ISIC J-P)

Les services du Gabon sont passées de 620,3 millions de dollars dans les années 1970 à 4,3 milliards de dollars par an dans les années 2010, soit une augmentation de 3,7 milliards de dollars ou de 6,9 fois. La variation a été de 2,1 milliards de dollars en raison de l'augmentation de 1,9 fois des prix, et de 436,3 millions de dollars en raison de la croissance de la productivité de 1,2 fois, et de 1,2 milliards de dollars en raison de la croissance démographique. La croissance annuelle moyenne du secteur des services était de 4,3%. Les services minimum étaient de 44,3 millions de dollars en 1972. Les services maximum étaient de 5,2 milliards de dollars en 2018.

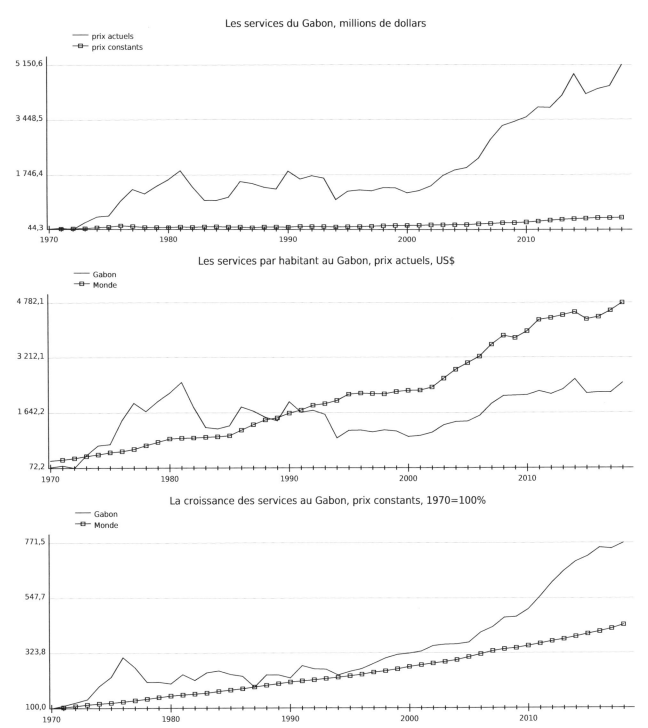

Les services du Gabon, millions de dollars

Les services par habitant au Gabon, prix actuels, US$

La croissance des services au Gabon, prix constants, 1970=100%

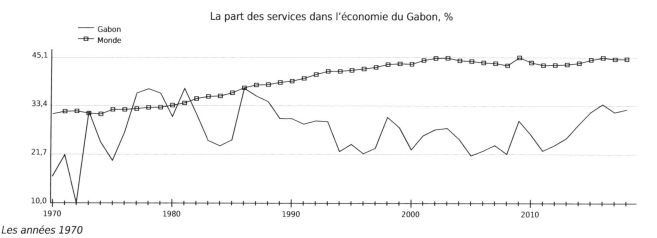

La part des services dans l'économie du Gabon, %

Les années 1970

Les services du Gabon étaient de 620,3 millions de dollars par an dans les années 1970, se situant au 88ème rang mondial à égalité avec le Soudan (622,7 millions de dollars). La part dans le monde était de 0,030% et de 0,97% en Afrique.

La part du secteur des services dans l'économie du Gabon était de 30,6% dans les années 1970, se situant au 74ème rang mondial à égalité avec la Mélanésie (30,6%), la Namibie (30,6%), les Caraïbes (30,6%).

Les services par habitant au Gabon s'élevaient à 959.4 dollars dans les années 1970, au 44ème rang mondial à égalité avec la Polynésie (942,5 de dollars), les Îles Turks-et-Caïcos (978,4 de dollars). Les services par habitant au Gabon étaient plus que les services par habitant dans le monde (506,6 US$) de 89,4%, et plus de 6,2 fois supérieur au services par habitant en Afrique (154,4 US$).

La croissance du secteur des services au Gabon était de 8.3% dans les années 1970, se situant au 34ème rang mondial à égalité avec l'Asie du Sud (8,3%), l'Indonésie (8,3%), le Venezuela (8,3%). La croissance des services au Gabon (8,3%) était supérieure à celle des services dans le monde (4,1%), et supérieure à celle du secteur des services en Afrique (5,6%).

Comparaison avec les voisins. Les services du Gabon étaient supérieure à celle du Congo (267,8 millions de dollars) et de la Guinée équatoriale (6,3 millions de dollars); mais inférieure à celle du Cameroun (1,2 milliards de dollars). Les services par habitant au Gabon étaient supérieure à celle de la république du Congo (170,5 de dollars), du Cameroun (160,1 de dollars) et de la Guinée équatoriale (23,4 de dollars). La croissance des services au Gabon était supérieure à celle du Cameroun (5,7%), de la république du Congo (2,8%) et de la Guinée équatoriale (2,4%).

Comparaison avec les leaders. Les services du Gabon étaient inférieure à celle des États-Unis (674,4 milliards de dollars), de l'URSS (168,3 milliards de dollars), du Japon (153,8 milliards de dollars), de l'Allemagne (150,2 milliards de dollars) et de la France (121,8 milliards de dollars). Les services par habitant au Gabon étaient supérieure à celle de l'URSS (666,9 de dollars); mais inférieure à celle des États-Unis (3 088,3 de dollars), de la France (2 261,9 de dollars), de l'Allemagne (1 907,5 de dollars) et du Japon (1 381,2 de dollars). La croissance du secteur des services au Gabon était supérieure à celle du Japon (5,9%), de l'Allemagne (4,8%), de la France (3,9%), des États-Unis (3,3%) et de l'URSS (0,90%).

Les années 1980

Les services du Gabon étaient de 1,4 milliards de dollars par an dans les années 1980, au 89ème rang mondial à égalité avec l'Éthiopie (1,4 milliards de dollars). La part dans le monde était de 0,025% et de 1,1% en Afrique.

La part des services dans l'économie du Gabon était de 31,3% dans les années 1980, se situant au 84ème rang mondial à égalité avec le Qatar (31,2%), l'Est (31,1%).

Les services par habitant au Gabon s'élevaient à 1644.9 dollars dans les années 1980, se situant au 50ème rang mondial à égalité avec Trinité-et-Tobago (1 642,5 de dollars). Les services par habitant au Gabon étaient plus que les services par habitant dans le monde (1 113,4 US$) de 47,7%, et plus de 7,0 fois supérieur au services par habitant en Afrique (233,5 US$).

La croissance des services au Gabon était de 1.3% dans les années 1980, se situant au 156ème rang mondial. La croissance des services au Gabon (1,3%) était inférieure à celle des services dans le monde (3,3%), et inférieure à celle des services en Afrique (3,7%).

Comparaison avec les voisins. Les services du Gabon étaient supérieure à celle du Congo (777,4 millions de dollars) et de la Guinée équatoriale (19,4 millions de dollars); mais inférieure à celle du Cameroun (3,4 milliards de dollars). Les services par habitant au Gabon étaient supérieure à celle de la république du Congo (369,9 de dollars), du Cameroun (341,1 de dollars) et de la Guinée équatoriale (56,8 de dollars). La croissance du secteur des services au Gabon était inférieure à celle de la république du Congo (7,0%), de la Guinée équatoriale (6,6%) et du Cameroun (2,3%).

Comparaison avec les leaders. Les services du Gabon étaient inférieure à celle des États-Unis (1,9 billions de dollars), du Japon (619,9 milliards de dollars), de l'Allemagne (362,2 milliards de dollars), de la France (294,5 milliards de dollars) et du Royaume-Uni (263,9 milliards de dollars). Les services par habitant au Gabon étaient inférieure à celle des États-Unis (7 833,8 de dollars), de la France (5 194,3 de dollars), du Japon (5 110,9 de dollars), du Royaume-Uni (4 669,0 de dollars) et de l'Allemagne (4 640,8 de dollars). La croissance des services au Gabon était inférieure à celle du Japon (4,8%), du Royaume-Uni (3,3%), de l'Allemagne (3,1%), des États-Unis (2,8%) et de la France (2,3%).

Les années 1990

Les services du Gabon étaient de 1,4 milliards de dollars par an dans les années 1990, se situant au 116ème rang mondial à égalité avec le Soudan (1,4 milliards de dollars). La part dans le monde était de 0,012% et de 0,93% en Afrique.

La part des services dans l'économie du Gabon était de 27,0% dans les années 1990, se situant au 137ème rang mondial à égalité avec le Cap-Vert (27,1%), le Zimbabwe (27,1%).

Les services par habitant au Gabon s'élevaient à 1327.8 dollars dans les années 1990, au 72ème rang mondial à égalité avec le Panama (1 343,3 de dollars), le Chili (1 352,4 de dollars), la Dominique (1 353,7 de dollars). Les services par habitant au Gabon étaient moins que les services par habitant dans le monde (2 011,2 US$) de 34,0%, et plus de 6,2 fois supérieur au services par habitant en Afrique (215,9 US$).

La croissance des services au Gabon était de 3.1% dans les années 1990, se situant au 100ème rang mondial à égalité avec les Bahamas (3,1%), le Royaume-Uni (3,1%), les Pays-Bas (3,1%). La croissance du secteur des services au Gabon (3,1%) était supérieure à celle du secteur des services dans le monde (2,7%), et supérieure à celle du secteur des services en Afrique (2,7%).

Comparaison avec les voisins. Les services du Gabon étaient supérieure à celle du Congo (903,9 millions de dollars) et de la Guinée équatoriale (54,5 millions de dollars); mais inférieure à celle du Cameroun (3,3 milliards de dollars). Les services par habitant au Gabon étaient supérieure à celle du Congo (326,1 de dollars), du Cameroun (244,8 de dollars) et de la Guinée équatoriale (108,7 de dollars). La croissance des services au Gabon était supérieure à celle du Cameroun (1,3%) et de la république du Congo (-1,7%); mais inférieure à celle de la Guinée équatoriale (5,7%).

Comparaison avec les leaders. Les services du Gabon étaient inférieure à celle des États-Unis (3,8 billions de dollars), du Japon (1,6 billions de dollars), de l'Allemagne (905,1 milliards de dollars), de la France (628,2 milliards de dollars) et du Royaume-Uni (590,7 milliards de dollars). Les services par habitant au Gabon étaient inférieure à celle des États-Unis (14 330,7 de dollars), du Japon (12 819,4 de dollars), de l'Allemagne (11 211,4 de dollars), de la France (10 500,5 de dollars) et du Royaume-Uni (10 198,3 de dollars). La croissance du secteur des services au Gabon était supérieure à celle du Royaume-Uni (3,1%), des États-Unis (2,3%), du Japon (1,7%) et de la France (1,6%); mais inférieure à celle de l'Allemagne (3,2%).

Les années 2000

Les services du Gabon étaient de 2,1 milliards de dollars par an dans les années 2000, se situant au 124ème rang mondial à égalité avec la Géorgie (2,1 milliards de dollars), le Nicaragua (2,1 milliards de dollars). La part dans le monde était de 0,011% et de 0,74% en Afrique.

La part du secteur des services dans l'économie du Gabon était de 24,6% dans les années 2000, se situant au 155ème rang mondial à égalité avec l'Égypte (24,5%).

Les services par habitant au Gabon s'élevaient à 1515.7 dollars dans les années 2000, au 89ème rang mondial à égalité avec l'Est (1 519,8 de dollars), Cuba (1 507,0 de dollars). Les services par habitant au Gabon étaient moins que les services par habitant dans le monde (3 009,6 US$) de 49,6%, et plus de 4,9 fois supérieur au services par habitant en Afrique (311,2 US$).

La croissance du secteur des services au Gabon était de 4% dans les années 2000, au 95ème rang mondial à égalité avec les îles Cook (4,0%), la Biélorussie (4,0%). La croissance des services au Gabon (4,0%) était supérieure à celle des services dans le monde (2,9%), et inférieure à celle du secteur des services en Afrique (5,1%).

Comparaison avec les voisins. Les services du Gabon étaient supérieure à celle du Congo (1,1 milliards de dollars) et de la Guinée équatoriale (793,4 millions de dollars); mais inférieure à celle du Cameroun (4,4 milliards de dollars). Les services par habitant au Gabon étaient supérieure à celle de la Guinée équatoriale (1 058,4 de dollars), de la république du Congo (297,1 de dollars) et du Cameroun (257,1 de dollars). La croissance des services au Gabon était supérieure à celle du Congo (3,8%); mais inférieure à celle de la Guinée équatoriale (16,0%) et du Cameroun (5,0%).

Comparaison avec les leaders. Les services du Gabon étaient inférieure à celle des États-Unis (6,7 billions de dollars), du Japon (2,0 billions de dollars), de l'Allemagne (1,2 billions de dollars), du Royaume-Uni (1,1 billions de dollars) et de la France (997,0 milliards de dollars). Les services par habitant au Gabon étaient inférieure à celle des États-Unis (22 875,8 de dollars), du Royaume-Uni (18 068,9 de dollars), de la France (15 802,7 de dollars), du Japon (15 301,1 de dollars) et de l'Allemagne (14 880,8 de dollars). La croissance du secteur des services au Gabon était supérieure à celle du Royaume-Uni (2,8%), des États-Unis (2,0%), de la France (1,5%), du Japon (1,2%) et de l'Allemagne (0,57%).

Les années 2010

Les services du Gabon étaient de 4,3 milliards de dollars par an dans les années 2010, se situant au 126ème rang mondial à égalité avec la république démocratique du Congo (4,4 milliards de dollars). La part dans le monde était de 0,013% et de 0,70% en Afrique.

La part des services dans l'économie du Gabon était de 28,3% dans les années 2010, se situant au 147ème rang mondial à égalité avec Sao Tomé-et-Principe (28,3%), le Guatemala (28,4%), le Népal (28,6%).

Les services par habitant au Gabon s'élevaient à 2293.3 dollars dans les années 2010, au 100ème rang mondial à égalité avec le Monténégro (2 321,6 de dollars). Les services par habitant au Gabon étaient moins que les services par habitant dans le monde (4 398,0 US$) de 47,9%, et plus de 4,4 fois supérieur au services par habitant en Afrique (522,9 US$).

La croissance du secteur des services au Gabon était de 5.6% dans les années 2010, se situant au 42ème rang mondial à égalité avec l'Asie du Sud-Est (5,6%), le Ghana (5,7%), la Malaisie (5,7%). La croissance des services au Gabon (5,6%) était supérieure à celle des services dans le monde (2,7%), et supérieure à celle du secteur des services en Afrique (3,5%).

Comparaison avec les voisins. Les services du Gabon étaient 38,7% supérieures à celles de la Guinée équatoriale (3,1 milliards de dollars) et 83,8% supérieures à celles de la république du Congo (2,3 milliards de dollars); mais 46,7% inférieures à celles du Cameroun (8,0 milliards de dollars). Les services par habitant au Gabon étaient 4,8 fois supérieures à celles du Congo (476,8 de dollars) et 6,4 fois supérieures à celles du Cameroun (360,4 de dollars); mais 15,9% inférieures à celles de la Guinée équatoriale (2 728,1 de dollars). La croissance des services au Gabon était supérieure à celle du Cameroun (4,6%) et du Congo (2,9%); mais inférieure à celle de la Guinée équatoriale (6,5%).

Comparaison avec les leaders. Les services du Gabon étaient 2 272,6 fois inférieures à celles des États-Unis (9,7 billions de dollars), 769,4 fois inférieures à celles de la Chine (3,3 billions de dollars), 534,2 fois inférieures à celles du Japon (2,3 billions de dollars), 371,2 fois inférieures à celles de l'Allemagne (1,6 billions de dollars) et 316,3 fois inférieures à celles du Royaume-Uni (1,4 billions de dollars). Les services par habitant au Gabon étaient 13,3 fois inférieures à celles des États-Unis (30 599,5 de dollars), 9,1 fois inférieures à celles du Royaume-Uni (20 819,7 de dollars), 8,5 fois inférieures à celles de l'Allemagne (19 481,1 de dollars), 7,8 fois inférieures à celles du Japon (17 850,7 de dollars) et 3,2% inférieures à celles de la Chine (2 369,9 de dollars). La croissance du secteur des services au Gabon était supérieure à celle du Royaume-Uni (1,8%), des États-Unis (1,7%), de l'Allemagne (1,4%) et du Japon (1,0%); mais inférieure à celle de la Chine (8,5%).

Partie III. Relations extérieures

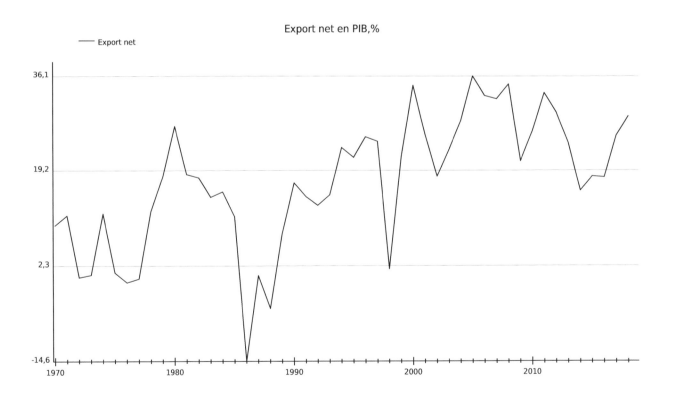

Export net en PIB,%

Chapitre X. Exportations

Les exportations du Gabon sont passées de 958,5 millions de dollars dans les années 1970 à 8,6 milliards de dollars par an dans les années 2010, soit une augmentation de 7,6 milliards de dollars ou de 9,0 fois. La variation a été de 6,5 milliards de dollars en raison de l'augmentation de 4,2 fois des prix, et de -722,6 millions de dollars en raison de la baisse de productivité de 0,74 fois, et de 1,8 milliards de dollars en raison de la croissance démographique. La croissance annuelle moyenne des exportations était de 2,8%. Les exportations minimum étaient de 168,1 millions de dollars en 1970. Les exportations maximum étaient de 11,2 milliards de dollars en 2011.

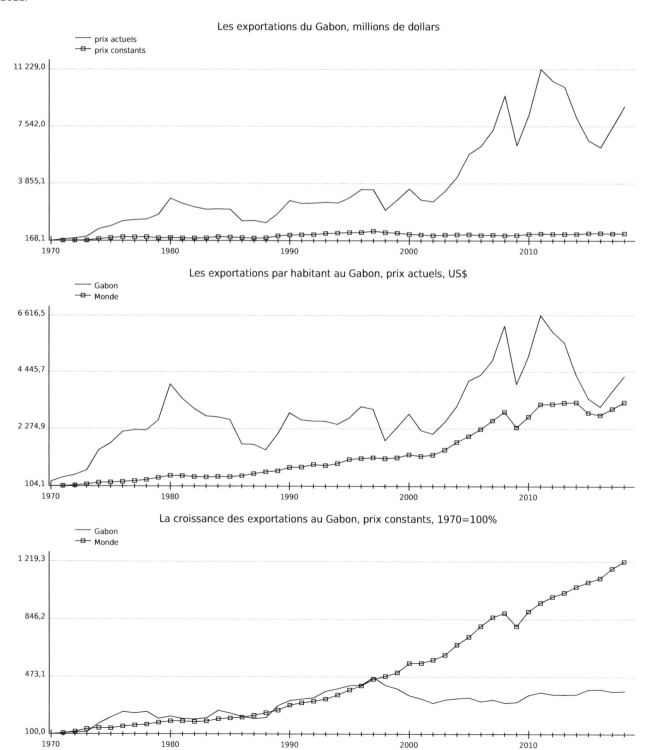

Les exportations du Gabon, millions de dollars

Les exportations par habitant au Gabon, prix actuels, US$

La croissance des exportations au Gabon, prix constants, 1970=100%

La part des exportations dans le PIB du Gabon, %

Les années 1970

Les exportations du Gabon étaient de 958,5 millions de dollars par an dans les années 1970, se situant au 77ème rang mondial à égalité avec le Kenya (977,4 millions de dollars). La part dans le monde était de 0,098% et de 1,7% en Afrique.

La part des exportations dans le PIB du Gabon était de 45,1% dans les années 1970, se situant au 50ème rang mondial à égalité avec les Fidji (45,3%), d'Anguilla (45,3%).

Les exportations par habitant au Gabon s'élevaient à 1482.6 dollars dans les années 1970, au 33ème rang mondial à égalité avec l'Autriche (1 474,0 de dollars). Les exportations par habitant au Gabon étaient plus que les exportations par habitant dans le monde (242,0 US$) de 6,1 fois, et plus de 10,9 fois supérieur au exportations par habitant en Afrique (135,8 US$).

La croissance des exportations au Gabon était de 8.1% dans les années 1970, au 50ème rang mondial à égalité avec Maurice (8,1%). La croissance des exportations au Gabon (8,1%) était supérieure à celle des exportations dans le monde (6,5%), et supérieure à celle des exportations en Afrique (5,6%).

Comparaison avec les voisins. Les exportations du Gabon étaient supérieure à celle du Congo (270,6 millions de dollars) et de la Guinée équatoriale (12,6 millions de dollars); mais inférieure à celle du Cameroun (1,1 milliards de dollars). Les exportations par habitant au Gabon étaient supérieure à celle de la république du Congo (172,3 de dollars), du Cameroun (154,5 de dollars) et de la Guinée équatoriale (46,7 de dollars). La croissance des exportations au Gabon était supérieure à celle de la Guinée équatoriale (2,2%); mais inférieure à celle du Cameroun (13,1%) et du Congo (9,5%).

Comparaison avec les leaders. Les exportations du Gabon étaient inférieure à celle des États-Unis (128,0 milliards de dollars), de l'Allemagne (82,9 milliards de dollars), de la France (64,3 milliards de dollars), du Japon (64,1 milliards de dollars) et du Royaume-Uni (61,3 milliards de dollars). Les exportations par habitant au Gabon étaient supérieure à celle de la France (1 193,9 de dollars), du Royaume-Uni (1 093,0 de dollars), de l'Allemagne (1 052,2 de dollars), des États-Unis (586,2 de dollars) et du Japon (575,7 de dollars). La croissance des exportations au Gabon était supérieure à celle de la France (7,8%), des États-Unis (6,8%), de l'Allemagne (5,1%) et du Royaume-Uni (5,0%); mais inférieure à celle du Japon (8,6%).

Les années 1980

Les exportations du Gabon étaient de 2,0 milliards de dollars par an dans les années 1980, au 77ème rang mondial à égalité avec la Jordanie (2,1 milliards de dollars). La part dans le monde était de 0,080% et de 1,9% en Afrique.

La part des exportations dans le PIB du Gabon était de 44,5% dans les années 1980, se situant au 49ème rang mondial à égalité avec Saint-Christophe-et-Niévès (44,3%).

Les exportations par habitant au Gabon s'élevaient à 2487.2 dollars dans les années 1980, au 42ème rang mondial à égalité avec l'Andorre (2 449,0 de dollars), d'Antigua-et-Barbuda (2 429,1 de dollars). Les exportations par habitant au Gabon étaient plus que les exportations par habitant dans le monde (529,4 US$) de 4,7 fois, et plus de 12,5 fois supérieur au exportations par habitant en Afrique (199,8 US$).

La croissance des exportations au Gabon était de 3.5% dans les années 1980, au 99ème rang mondial à égalité avec les Caraïbes (3,5%), l'Afrique de l'Ouest (3,5%). La croissance des exportations au Gabon (3,5%) était inférieure à celle des exportations dans le monde (3,8%), et supérieure à celle des exportations en Afrique (-1,1%).

Comparaison avec les voisins. Les exportations du Gabon étaient supérieure à celle de la république du Congo (1,2 milliards de dollars) et de la Guinée équatoriale (32,6 millions de dollars); mais inférieure à celle du Cameroun (2,7 milliards de dollars). Les exportations par habitant au Gabon étaient supérieure à celle du Congo (554,9 de dollars), du Cameroun (270,1 de dollars) et de la Guinée équatoriale (95,6 de dollars). La croissance des exportations au Gabon était supérieure à celle du Cameroun (-0,068%); mais inférieure à celle de la république du Congo (6,9%) et de la Guinée équatoriale (3,9%).

Comparaison avec les leaders. Les exportations du Gabon étaient inférieure à celle des États-Unis (338,6 milliards de dollars), du Japon (210,6 milliards de dollars), de l'Allemagne (208,1 milliards de dollars), de la France (155,9 milliards de dollars) et du Royaume-Uni (155,0 milliards de dollars). Les exportations par habitant au Gabon étaient supérieure à celle du Japon (1 736,4 de dollars) et des États-Unis (1 411,9 de dollars); mais inférieure à celle de la France (2 748,7 de dollars), du Royaume-Uni (2 742,2 de dollars) et de l'Allemagne (2 665,9 de dollars). La croissance des exportations au Gabon était supérieure à celle du Royaume-Uni (3,0%); mais inférieure à celle du Japon (6,7%), des États-Unis (5,7%), de l'Allemagne (4,7%) et de la France (4,0%).

Les années 1990

Les exportations du Gabon étaient de 2,8 milliards de dollars par an dans les années 1990, se situant au 96ème rang mondial à égalité avec la Lettonie (2,8 milliards de dollars). La part dans le monde était de 0,048% et de 1,9% en Afrique.

La part des exportations dans le PIB du Gabon était de 48,9% dans les années 1990, se situant au 46ème rang mondial à égalité avec Trinité-et-Tobago (48,5%).

Les exportations par habitant au Gabon s'élevaient à 2595.1 dollars dans les années 1990, au 60ème rang mondial. Les exportations par habitant au Gabon étaient plus que les exportations par habitant dans le monde (1 028,2 US$) de 2,5 fois, et plus de 12,9 fois supérieur au exportations par habitant en Afrique (200,5 US$).

La croissance des exportations au Gabon était de 3.3% dans les années 1990, au 129ème rang mondial à égalité avec la république démocratique du Congo (3,3%). La croissance des exportations au Gabon (3,3%) était inférieure à celle des exportations dans le monde (6,9%), et supérieure à celle des exportations en Afrique (2,5%).

Comparaison avec les voisins. Les exportations du Gabon étaient supérieure à celle de la république du Congo (1,4 milliards de dollars) et de la Guinée équatoriale (250,7 millions de dollars); mais inférieure à celle du Cameroun (2,9 milliards de dollars). Les exportations par habitant au Gabon étaient supérieure à celle de la Guinée équatoriale (500,3 de dollars), du Congo (489,2 de dollars) et du Cameroun (216,5 de dollars). La croissance des exportations au Gabon était inférieure à celle de la Guinée équatoriale (35,4%), du Cameroun (8,0%) et de la république du Congo (5,3%).

Comparaison avec les leaders. Les exportations du Gabon étaient inférieure à celle des États-Unis (773,6 milliards de dollars), de l'Allemagne (509,0 milliards de dollars), du Japon (418,7 milliards de dollars), de la France (329,8 milliards de dollars) et du Royaume-Uni (324,3 milliards de dollars). Les exportations par habitant au Gabon étaient inférieure à celle de l'Allemagne (6 304,1 de dollars), du Royaume-Uni (5 597,7 de dollars), de la France (5 513,1 de dollars), du Japon (3 320,5 de dollars) et des États-Unis (2 920,5 de dollars). La croissance des exportations au Gabon était inférieure à celle des États-Unis (7,2%), de la France (6,5%), de l'Allemagne (6,0%), du Royaume-Uni (5,3%) et du Japon (4,2%).

Les années 2000

Les exportations du Gabon étaient de 5,2 milliards de dollars par an dans les années 2000, se situant au 103ème rang mondial à égalité avec le Soudan (5,3 milliards de dollars), la Papouasie-Nouvelle-Guinée (5,3 milliards de dollars), le Honduras (5,3 milliards de dollars). La part dans le monde était de 0,041% et de 1,4% en Afrique.

La structure des exportations: produits primaires (76,7%), articles manufacturés provenant de ressources naturelles (20,2%), articles manufacturés de technologie moyenne (1,8%).

Le Gabon a exporté des marchandises vers les États-Unis (49,2%), la Chine (11,1%), la France (7,8%), Trinité-et-Tobago (3,8%), l'Espagne (2,6%) et d'autres pays (25,6%).

La part des exportations dans le PIB du Gabon était de 57,1% dans les années 2000, au 47ème rang mondial.

Les exportations par habitant au Gabon s'élevaient à 3707.7 dollars dans les années 2000, au 71ème rang mondial à égalité avec le Panama (3 686,5 de dollars). Les exportations par habitant au Gabon étaient plus que les exportations par habitant dans le monde (1 931,7 US$) de 91,9%, et plus de 9,4 fois supérieur au exportations par habitant en Afrique (394,5 US$).

La croissance des exportations au Gabon était de -2.4% dans les années 2000, au 199ème rang mondial. La croissance des exportations au Gabon (-2,4%) était inférieure à celle des exportations dans le monde (4,8%), et inférieure à celle des exportations en Afrique (5,4%).

Comparaison avec les voisins. Les exportations du Gabon étaient supérieure à celle de la république du Congo (4,5 milliards de dollars) et du Cameroun (4,5 milliards de dollars); mais inférieure à celle de la Guinée équatoriale (6,9 milliards de dollars). Les exportations par habitant au Gabon étaient supérieure à celle du Congo (1 221,1 de dollars) et du Cameroun (260,9 de dollars); mais inférieure à celle de la Guinée équatoriale (9 242,0 de dollars). La croissance des exportations au Gabon était inférieure à celle de la Guinée équatoriale (18,6%), du Cameroun (1,2%) et de la république du Congo (1,1%).

Comparaison avec les leaders. Les exportations du Gabon étaient inférieure à celle des États-Unis (1,3 billions de dollars), de l'Allemagne (1,0 billions de dollars), de la Chine (780,2 milliards de dollars), du Japon (626,3 milliards de dollars) et du Royaume-Uni (589,8 milliards de dollars). Les exportations par habitant au Gabon étaient supérieure à celle de la Chine (592,1 de dollars); mais inférieure à celle de l'Allemagne (12 825,6 de dollars), du Royaume-Uni (9 762,1 de dollars), du Japon (4 886,1 de dollars) et des États-Unis (4 486,9 de dollars). La croissance des exportations au Gabon était inférieure à celle de la Chine (12,7%), de l'Allemagne (5,0%), du Japon (3,5%), des États-Unis (3,3%) et du Royaume-Uni (2,9%).

Les années 2010

Les exportations du Gabon étaient de 8,6 milliards de dollars par an dans les années 2010, se situant au 109ème rang mondial. La part dans le monde était de 0,038% et de 1,4% en Afrique.

La structure des exportations: produits primaires (72,9%), articles manufacturés provenant de ressources naturelles (21,6%), articles manufacturés de technologie moyenne (3,2%), articles manufacturés à haute technologie (1,1%).

Le Gabon a exporté des marchandises vers les États-Unis (40,1%), la Chine (11,4%), la Corée du Sud (5,7%), l'Australie (5,0%), l'Espagne (4,7%) et d'autres pays (33,1%).

La part des exportations dans le PIB du Gabon était de 53,0% dans les années 2010, au 55ème rang mondial à égalité avec la Papouasie-Nouvelle-Guinée (52,9%), l'Autriche (53,5%).

Les exportations par habitant au Gabon s'élevaient à 4602.3 dollars dans les années 2010, au 79ème rang mondial à égalité avec Maurice (4 627,5 de dollars), l'Est (4 508,0 de dollars). Les exportations par habitant au Gabon étaient plus que les exportations par habitant dans le monde (3 079,9 US$) de 49,4%, et plus de 8,6 fois supérieur au exportations par habitant en Afrique (537,3 US$).

La croissance des exportations au Gabon était de 2.3% dans les années 2010, au 152ème rang mondial. La croissance des exportations au Gabon (2,3%) était inférieure à celle des exportations dans le monde (4,8%), et supérieure à celle des exportations en Afrique (-1,1%).

Comparaison avec les voisins. Les exportations du Gabon étaient 9,1% supérieures à celles du Congo (7,9 milliards de dollars) et 18,6% supérieures à celles du Cameroun (7,2 milliards de dollars); mais 25,1% inférieures à celles de la Guinée équatoriale (11,5 milliards de dollars). Les exportations par habitant au Gabon étaient 2,9 fois supérieures à celles de la république du Congo (1 611,7 de dollars) et 14,2 fois supérieures à celles du Cameroun (324,9 de dollars); mais 2,2 fois inférieures à celles de la Guinée équatoriale (10 136,8 de dollars). La croissance des exportations au Gabon était supérieure à celle de la république du Congo (1,9%) et de la Guinée équatoriale (-4,6%); mais inférieure à celle du Cameroun (3,4%).

Comparaison avec les leaders. Les exportations du Gabon étaient 263,5 fois inférieures à celles de la Chine (2,3 billions de dollars), 260,6 fois inférieures à celles des États-Unis (2,2 billions de dollars), 194,3 fois inférieures à celles de l'Allemagne (1,7 billions de dollars), 99,7 fois inférieures à celles du Japon (856,0 milliards de dollars) et 94,2 fois inférieures à celles du Royaume-Uni (808,6 milliards de dollars). Les exportations par habitant au Gabon étaient 2,8 fois supérieures à celles de la Chine (1 628,7 de dollars); mais 4,4 fois inférieures à celles de l'Allemagne (20 463,3 de dollars), 2,7 fois inférieures à celles du Royaume-Uni (12 440,5 de dollars), 34,7% inférieures à celles des États-Unis (7 042,9 de dollars) et 31,2% inférieures à celles du Japon (6 685,8 de dollars). La croissance des exportations au Gabon était inférieure à celle de la Chine (7,5%), du Japon (5,3%), de l'Allemagne (5,1%), des États-Unis (4,1%) et du Royaume-Uni (3,0%).

Chapitre XI. Importations

Les importations du Gabon sont passées de 820,6 millions de dollars dans les années 1970 à 4,6 milliards de dollars par an dans les années 2010, soit une augmentation de 3,8 milliards de dollars ou de 5,6 fois. La variation a été de 2,6 milliards de dollars en raison de l'augmentation de 2,2 fois des prix, et de -305,2 millions de dollars en raison de la baisse de productivité de 0,87 fois, et de 1,5 milliards de dollars en raison de la croissance démographique. La croissance annuelle moyenne des importations était de 3,6%. Les importations minimum étaient de 129,4 millions de dollars en 1970. Les importations maximum étaient de 5,9 milliards de dollars en 2013.

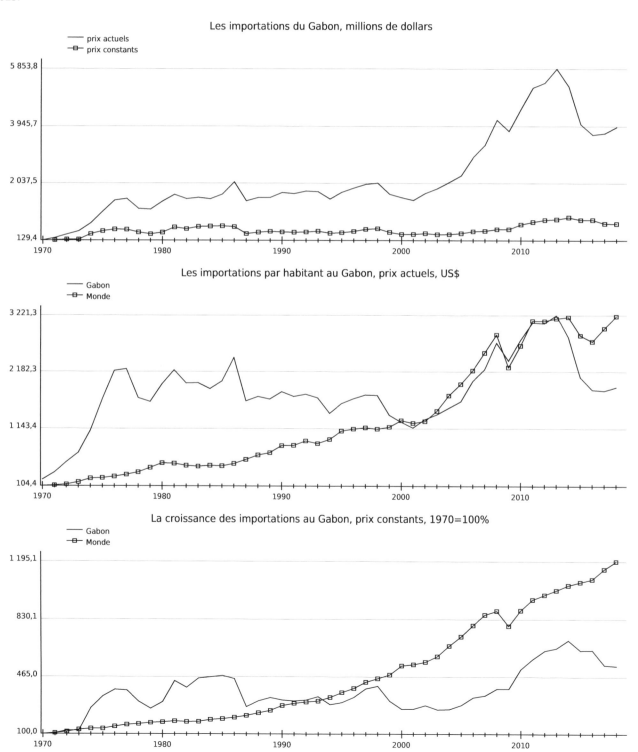

La part des importations dans le PIB du Gabon, %

Les années 1970

Les importations du Gabon étaient de 820,6 millions de dollars par an dans les années 1970, au 84ème rang mondial à égalité avec Chypre (833,5 millions de dollars). La part dans le monde était de 0,083% et de 1,4% en Afrique.

La part des importations dans le PIB du Gabon était de 38,6% dans les années 1970, au 80ème rang mondial à égalité avec d'Oman (38,3%), la République dominicaine (38,9%).

Les importations par habitant au Gabon s'élevaient à 1269.3 dollars dans les années 1970, au 40ème rang mondial. Les importations par habitant au Gabon étaient plus que les importations par habitant dans le monde (244,3 US$) de 5,2 fois, et plus de 9,0 fois supérieur au importations par habitant en Afrique (141,2 US$).

La croissance des importations au Gabon était de 11.4% dans les années 1970, au 25ème rang mondial à égalité avec le Mali (11,3%), l'Équateur (11,4%). La croissance des importations au Gabon (11,4%) était supérieure à celle des importations dans le monde (6,3%), et supérieure à celle des importations en Afrique (6,6%).

Comparaison avec les voisins. Les importations du Gabon étaient supérieure à celle du Congo (726,5 millions de dollars) et de la Guinée équatoriale (18,2 millions de dollars); mais inférieure à celle du Cameroun (1,5 milliards de dollars). Les importations par habitant au Gabon étaient supérieure à celle du Congo (462,7 de dollars), du Cameroun (206,2 de dollars) et de la Guinée équatoriale (67,4 de dollars). La croissance des importations au Gabon était supérieure à celle de la république du Congo (8,2%) et de la Guinée équatoriale (2,2%); mais inférieure à celle du Cameroun (13,8%).

Comparaison avec les leaders. Les importations du Gabon étaient inférieure à celle des États-Unis (133,2 milliards de dollars), de l'Allemagne (92,5 milliards de dollars), de la France (63,3 milliards de dollars), du Royaume-Uni (62,4 milliards de dollars) et du Japon (61,0 milliards de dollars). Les importations par habitant au Gabon étaient supérieure à celle de la France (1 176,0 de dollars), de l'Allemagne (1 175,0 de dollars), du Royaume-Uni (1 112,0 de dollars), des États-Unis (610,1 de dollars) et du Japon (547,5 de dollars). La croissance des importations au Gabon était supérieure à celle de la France (7,2%), du Japon (7,0%), de l'Allemagne (5,6%), des États-Unis (5,1%) et du Royaume-Uni (4,5%).

Les années 1980

Les importations du Gabon étaient de 1,6 milliards de dollars par an dans les années 1980, se situant au 88ème rang mondial à égalité avec l'Uruguay (1,6 milliards de dollars), Malte (1,6 milliards de dollars), le Honduras (1,6 milliards de dollars). La part dans le monde était de 0,061% et de 1,4% en Afrique.

La part des importations dans le PIB du Gabon était de 34,7% dans les années 1980, se situant au 91ème rang mondial à égalité avec la Norvège (34,7%), le Sri Lanka (34,4%).

Les importations par habitant au Gabon s'élevaient à 1936.8 dollars dans les années 1980, se situant au 54ème rang mondial à égalité avec l'Amérique septentrionale (1 931,9 de dollars). Les importations par habitant au Gabon étaient plus que les importations par habitant dans le monde (538,8 US$) de 3,6 fois, et plus de 9,4 fois supérieur au importations par habitant en Afrique (205,8 US$).

La croissance des importations au Gabon était de 2.4% dans les années 1980, au 106ème rang mondial à égalité avec le Nicaragua (2,4%), la Mélanésie (2,4%), le Costa Rica (2,4%). La croissance des importations au Gabon (2,4%) était inférieure à celle des importations dans le monde (3,8%), et supérieure à celle des importations en Afrique (-3,5%).

Comparaison avec les voisins. Les importations du Gabon étaient supérieure à celle de la Guinée équatoriale (46,4 millions de dollars); mais inférieure à celle du Cameroun (3,2 milliards de dollars) et du Congo (2,5 milliards de dollars). Les importations par habitant au Gabon étaient supérieure à celle du Congo (1 205,5 de dollars), du Cameroun (325,3 de dollars) et de la Guinée équatoriale (136,1 de dollars). La croissance des importations au Gabon était supérieure à celle de la république du Congo (1,9%) et du Cameroun (-4,2%); mais inférieure à celle de la Guinée équatoriale (3,1%).

Comparaison avec les leaders. Les importations du Gabon étaient inférieure à celle des États-Unis (417,2 milliards de dollars), de l'Allemagne (225,6 milliards de dollars), du Japon (175,9 milliards de dollars), de la France (162,0 milliards de dollars) et du Royaume-Uni (157,7 milliards de dollars). Les importations par habitant au Gabon étaient supérieure à celle des États-Unis (1 740,0 de dollars) et du Japon (1 450,3 de dollars); mais inférieure à celle de l'Allemagne (2 890,8 de dollars), de la France (2 858,0 de dollars) et du Royaume-Uni (2 790,3 de dollars). La croissance des importations au Gabon était inférieure à celle des États-Unis (5,8%), du Royaume-Uni (5,1%), du Japon (4,6%), de la France (4,3%) et de l'Allemagne (3,3%).

Les années 1990

Les importations du Gabon étaient de 1,8 milliards de dollars par an dans les années 1990, au 120ème rang mondial à égalité avec la Namibie (1,8 milliards de dollars), la Géorgie (1,8 milliards de dollars). La part dans le monde était de 0,031% et de 1,2% en Afrique.

La part des importations dans le PIB du Gabon était de 31,2% dans les années 1990, au 135ème rang mondial.

Les importations par habitant au Gabon s'élevaient à 1654.3 dollars dans les années 1990, se situant au 76ème rang mondial à égalité avec la Libye (1 661,1 de dollars), la Croatie (1 647,1 de dollars), la Hongrie (1 641,2 de dollars). Les importations par habitant au Gabon étaient plus que les importations par habitant dans le monde (1 014,5 US$) de 63,1%, et plus de 7,9 fois supérieur au importations par habitant en Afrique (209,4 US$).

La croissance des importations au Gabon était de -0.7% dans les années 1990, au 174ème rang mondial. La croissance des importations au Gabon (-0,69%) était inférieure à celle des importations dans le monde (6,6%), et inférieure à celle des importations en Afrique (4,0%).

Comparaison avec les voisins. Les importations du Gabon étaient supérieure à celle du Congo (1,6 milliards de dollars) et de la Guinée équatoriale (301,4 millions de dollars); mais inférieure à celle du Cameroun (2,6 milliards de dollars). Les importations par habitant au Gabon étaient supérieure à celle de la Guinée équatoriale (601,5 de dollars), de la république du Congo (569,8 de dollars) et du Cameroun (193,8 de dollars). La croissance des importations au Gabon était inférieure à celle de la Guinée équatoriale (44,6%), de la république du Congo (9,1%) et du Cameroun (9,0%).

Comparaison avec les leaders. Les importations du Gabon étaient inférieure à celle des États-Unis (874,1 milliards de dollars), de l'Allemagne (501,6 milliards de dollars), du Japon (355,9 milliards de dollars), du Royaume-Uni (330,0 milliards de dollars) et de la France (308,5 milliards de dollars). Les importations par habitant au Gabon étaient inférieure à celle de l'Allemagne (6 213,4 de dollars), du Royaume-Uni (5 696,3 de dollars), de la France (5 156,2 de dollars), des États-Unis (3 300,1 de dollars) et du Japon (2 822,7 de dollars). La croissance des importations au Gabon était inférieure à celle des États-Unis (8,3%), de l'Allemagne (6,4%), de la France (5,1%), du Royaume-Uni (4,8%) et du Japon (3,3%).

Les années 2000

Les importations du Gabon étaient de 2,5 milliards de dollars par an dans les années 2000, au 136ème rang mondial à égalité avec la Polynésie (2,5 milliards de dollars), la Moldavie (2,5 milliards de dollars), la Nouvelle-Calédonie (2,6 milliards de dollars). La part dans le monde était de 0,020% et de 0,75% en Afrique.

La structure des importations: produits primaires (11,0%), articles manufacturés provenant de ressources naturelles (15,9%), articles manufacturés à faible technologie (12,3%), articles manufacturés de technologie moyenne (45,1%), articles manufacturés à haute technologie (13,9%).

Le Gabon a importé des marchandises en provenance la France (34,4%), les États-Unis (10,0%), la Belgique (4,7%), les Pays-Bas (4,4%), le Royaume-Uni (3,9%) et d'autres pays (42,6%).

La part des importations dans le PIB du Gabon était de 27,7% dans les années 2000, se situant au 171ème rang mondial à égalité avec le Mexique (27,6%), le Royaume-Uni (27,5%).

Les importations par habitant au Gabon s'élevaient à 1798.9 dollars dans les années 2000, se situant au 102ème rang mondial à égalité avec Micronésie (1 811,7 de dollars), l'Eswatini (1 761,4 de dollars), la Thaïlande (1 836,6 de dollars). Les importations par habitant au Gabon étaient moins que les importations par habitant dans le monde (1 898,4 US$) de 5,2%, et plus de 4,9 fois supérieur au importations par habitant en Afrique (365,6 US$).

La croissance des importations au Gabon était de 2.3% dans les années 2000, au 163ème rang mondial à égalité avec le Salvador (2,3%), le Canada (2,3%). La croissance des importations au Gabon (2,3%) était inférieure à celle des importations dans le monde (5,1%), et inférieure à celle des importations en Afrique (7,8%).

Comparaison avec les voisins. Les importations du Gabon étaient inférieure à celle du Cameroun (4,8 milliards de dollars), de la république du Congo (3,7 milliards de dollars) et de la Guinée équatoriale (3,6 milliards de dollars). Les importations par habitant au Gabon étaient supérieure à celle de la république du Congo (1 012,2 de dollars) et du Cameroun (279,0 de dollars); mais inférieure à celle de la Guinée équatoriale (4 795,7 de dollars). La croissance des importations au Gabon était inférieure à celle de la Guinée équatoriale (14,1%), de la république du Congo (6,7%) et du Cameroun (4,5%).

Comparaison avec les leaders. Les importations du Gabon étaient inférieure à celle des États-Unis (1,9 billions de dollars), de l'Allemagne (914,7 milliards de dollars), de la Chine (641,1 milliards de dollars), du Royaume-Uni (639,6 milliards de dollars) et du Japon (566,4 milliards de dollars). Les importations par habitant au Gabon étaient supérieure à celle de la Chine (486,5 de dollars); mais inférieure à celle de l'Allemagne (11 227,8 de dollars), du Royaume-Uni (10 585,3 de dollars), des États-Unis (6 398,8 de dollars) et du Japon (4 418,5 de dollars). La croissance des importations au Gabon était supérieure à celle du Japon (1,8%); mais inférieure à celle de la Chine (15,1%), de l'Allemagne (3,7%), du Royaume-Uni (3,2%) et des États-Unis (2,8%).

Les années 2010

Les importations du Gabon étaient de 4,6 milliards de dollars par an dans les années 2010, au 140ème rang mondial. La part dans le monde était de 0,021% et de 0,67% en Afrique.

La structure des importations: produits primaires (11,3%), articles manufacturés provenant de ressources naturelles (18,9%), articles manufacturés à faible technologie (14,6%), articles manufacturés de technologie moyenne (44,6%), articles manufacturés à haute technologie (10,0%).

Le Gabon a importé des marchandises en provenance la France (25,4%), la Chine (13,5%), les États-Unis (7,3%), la Belgique (5,7%), les Pays-Bas (4,7%) et d'autres pays (43,4%).

La part des importations dans le PIB du Gabon était de 28,5% dans les années 2010, se situant au 179ème rang mondial à égalité avec le Monde (28,6%), la République centrafricaine (28,7%).

Les importations par habitant au Gabon s'élevaient à 2475.8 dollars dans les années 2010, se situant au 113ème rang mondial à égalité avec Micronésie (2 430,4 de dollars), la Jamaïque (2 525,7 de dollars), les Tonga (2 530,1 de dollars). Les importations par habitant au Gabon étaient moins que les importations par habitant dans le monde (2 997,8 US$) de 17,4%, et plus de 4,2 fois supérieur au importations par habitant en Afrique (587,8 US$).

La croissance des importations au Gabon était de 3.5% dans les années 2010, au 128ème rang mondial à égalité avec la Bosnie-Herzégovine (3,5%), le Danemark (3,6%), les îles Cook (3,6%). La croissance des importations au Gabon (3,5%) était inférieure à celle des importations dans le monde (4,7%), et supérieure à celle des importations en Afrique (2,0%).

Comparaison avec les voisins. Les importations du Gabon étaient 47,1% inférieures à celles du Cameroun (8,7 milliards de dollars), 39,7% inférieures à celles de la république du Congo (7,7 milliards de dollars) et 36,4% inférieures à celles de la Guinée équatoriale (7,3 milliards de dollars). Les importations par habitant au Gabon étaient 57,7% supérieures à celles de la république du Congo (1 570,1 de dollars) et 6,3 fois supérieures à celles du Cameroun (392,2 de dollars); mais 2,6 fois inférieures à celles de la Guinée équatoriale (6 421,6 de dollars). La croissance des importations au Gabon était supérieure à celle de la république du Congo (-2,7%) et de la Guinée équatoriale (-3,1%); mais inférieure à celle du Cameroun (4,4%).

Comparaison avec les leaders. Les importations du Gabon étaient 602,7 fois inférieures à celles des États-Unis (2,8 billions de dollars), 439,7 fois inférieures à celles de la Chine (2,0 billions de dollars), 311,5 fois inférieures à celles de l'Allemagne (1,4 billions de dollars), 190,1 fois inférieures à celles du Japon (877,9 milliards de dollars) et 183,5 fois inférieures à celles du Royaume-Uni (847,5 milliards de dollars). Les importations par habitant au Gabon étaient 69,3% supérieures à celles de la Chine (1 462,2 de dollars); mais 7,1 fois inférieures à celles de l'Allemagne (17 651,8 de dollars), 5,3 fois inférieures à celles du Royaume-Uni (13 039,1 de dollars), 3,5 fois inférieures à celles des États-Unis (8 760,8 de dollars) et 2,8 fois inférieures à celles du Japon (6 856,4 de dollars). La croissance des importations au Gabon était inférieure à celle de la Chine (9,3%), de l'Allemagne (5,0%), des États-Unis (4,9%), du Japon (4,4%) et du Royaume-Uni (3,6%).

Partie IV. Consommation

Chapitre XII. Dépenses publiques

La dépense de consommation des administrations publiques

Les dépense de consommation publique du Gabon sont passées de 351,2 millions de dollars dans les années 1970 à 2,2 milliards de dollars par an dans les années 2010, soit une augmentation de 1,9 milliards de dollars ou de 6,3 fois. La variation a été de 801,6 millions de dollars en raison de l'augmentation de 1,6 fois des prix, et de 409,9 millions de dollars en raison de la croissance de la productivité de 1,4 fois, et de 662,2 millions de dollars en raison de la croissance démographique. La croissance annuelle moyenne des dépenses publiques était de 4,1%. Les dépense publique minimum étaient de 99,4 millions de dollars en 1970. Les dépense de consommation publique maximum étaient de 2,7 milliards de dollars en 2014.

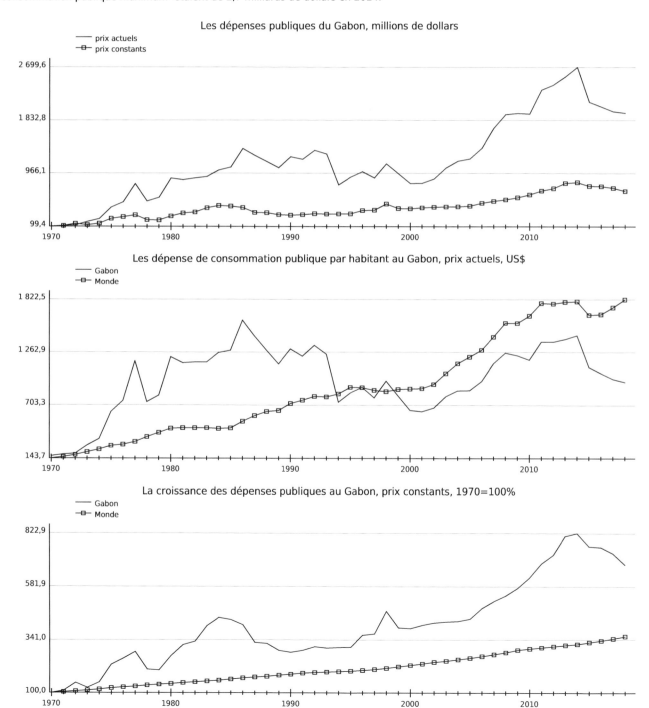

Les dépenses publiques du Gabon, millions de dollars

Les dépense de consommation publique par habitant au Gabon, prix actuels, US$

La croissance des dépenses publiques au Gabon, prix constants, 1970=100%

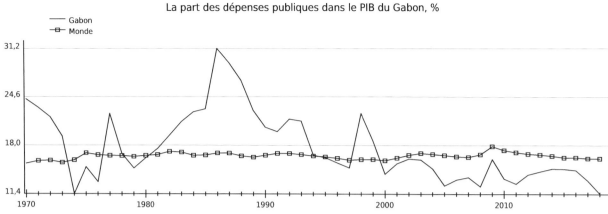

La part des dépenses publiques dans le PIB du Gabon, %

Les années 1970

Les dépense de consommation publique du Gabon étaient de 351,2 millions de dollars par an dans les années 1970, se situant au 86ème rang mondial à égalité avec le Sénégal (351,7 millions de dollars), le Costa Rica (348,2 millions de dollars). La part dans le monde était de 0,033% et de 1,1% en Afrique.

La part des dépenses publiques dans le PIB du Gabon était de 16,5% dans les années 1970, se situant au 82ème rang mondial à égalité avec l'Autriche (16,5%), le Burkina Faso (16,5%), l'Australie (16,6%).

Les dépense publique par habitant au Gabon s'élevaient à 543.2 dollars dans les années 1970, au 42ème rang mondial à égalité avec d'Aruba (551,1 de dollars). Les dépenses publiques par habitant au Gabon étaient plus que les dépense publique par habitant dans le monde (265,1 US$) de 2,0 fois, et plus de 7,2 fois supérieur au dépenses publiques par habitant en Afrique (75,7 US$).

La croissance des dépenses publiques au Gabon était de 8.2% dans les années 1970, se situant au 46ème rang mondial. La croissance des dépenses publiques au Gabon (8,2%) était supérieure à celle des dépenses publiques dans le monde (3,7%), et supérieure à celle des dépenses publiques en Afrique (4,9%).

Comparaison avec les voisins. Les dépense publique du Gabon étaient supérieure à celle de la république du Congo (151,2 millions de dollars) et de la Guinée équatoriale (9,6 millions de dollars); mais inférieure à celle du Cameroun (385,8 millions de dollars). Les dépenses publiques par habitant au Gabon étaient supérieure à celle du Congo (96,3 de dollars), du Cameroun (52,2 de dollars) et de la Guinée équatoriale (35,7 de dollars). La croissance des dépenses publiques au Gabon était supérieure à celle du Congo (6,8%), du Cameroun (5,7%) et de la Guinée équatoriale (2,2%).

Comparaison avec les leaders. Les dépense publique du Gabon étaient inférieure à celle des États-Unis (285,9 milliards de dollars), de l'URSS (117,3 milliards de dollars), de l'Allemagne (95,6 milliards de dollars), du Japon (78,0 milliards de dollars) et de la France (64,5 milliards de dollars). Les dépense publique par habitant au Gabon étaient supérieure à celle de l'URSS (464,7 de dollars); mais inférieure à celle des États-Unis (1 309,4 de dollars), de l'Allemagne (1 213,6 de dollars), de la France (1 197,1 de dollars) et du Japon (700,2 de dollars). La croissance des dépenses publiques au Gabon était supérieure à celle de l'URSS (7,2%), du Japon (5,3%), de la France (5,0%), de l'Allemagne (4,4%) et des États-Unis (0,94%).

Les années 1980

Les dépenses publiques du Gabon étaient de 1,0 milliards de dollars par an dans les années 1980, se situant au 79ème rang mondial à égalité avec la Jordanie (1,1 milliards de dollars). La part dans le monde était de 0,041% et de 1,5% en Afrique.

La part des dépenses publiques dans le PIB du Gabon était de 22,7% dans les années 1980, se situant au 39ème rang mondial à égalité avec les Pays-Bas (22,7%).

Les dépense de consommation publique par habitant au Gabon s'élevaient à 1270.6 dollars dans les années 1980, se situant au 43ème rang mondial à égalité avec les Amériques (1 279,0 de dollars). Les dépenses publiques par habitant au Gabon étaient plus que les dépense de consommation publique par habitant dans le monde (522,9 US$) de 2,4 fois, et plus de 10,0 fois supérieur au dépense publique par habitant en Afrique (126,8 US$).

La croissance des dépenses publiques au Gabon était de 3.7% dans les années 1980, au 82ème rang mondial à égalité avec l'Australie (3,7%), les Tuvalu (3,7%). La croissance des dépenses publiques au Gabon (3,7%) était supérieure à celle des dépenses publiques dans le monde (2,7%), et supérieure à celle des dépenses publiques en Afrique (1,8%).

Comparaison avec les voisins. Les dépenses publiques du Gabon étaient supérieure à celle de la république du Congo (417,7 millions de dollars) et de la Guinée équatoriale (22,3 millions de dollars); mais inférieure à celle du Cameroun (1,1 milliards de dollars). Les dépenses publiques par habitant au Gabon étaient supérieure à celle de la république du Congo (198,8 de dollars), du Cameroun (111,2 de dollars) et de la Guinée équatoriale (65,3 de dollars). La croissance des dépenses publiques au Gabon était supérieure à celle de la Guinée équatoriale (3,3%) et du Cameroun (2,7%); mais inférieure à celle du Congo (5,3%).

Comparaison avec les leaders. Les dépense de consommation publique du Gabon étaient inférieure à celle des États-Unis (665,3 milliards de dollars), du Japon (257,4 milliards de dollars), de l'Allemagne (203,7 milliards de dollars), de l'URSS (181,1 milliards de dollars) et de la France (159,8 milliards de dollars). Les dépense publique par habitant au Gabon étaient supérieure à celle de l'URSS (657,4 de dollars); mais inférieure à celle de la France (2 817,8 de dollars), des États-Unis (2 774,4 de dollars), de l'Allemagne (2 610,2 de dollars) et du Japon (2 122,3 de dollars). La croissance des dépenses publiques au Gabon était supérieure à celle du Japon (3,5%), de la France (2,8%), des États-Unis (2,6%) et de l'Allemagne (0,98%); mais inférieure à celle de l'URSS (5,4%).

Les années 1990

Les dépenses publiques du Gabon étaient de 1,1 milliards de dollars par an dans les années 1990, au 96ème rang mondial à égalité avec la Polynésie française (1,1 milliards de dollars), le Sri Lanka (1,0 milliards de dollars). La part dans le monde était de 0,023% et de 1,2% en Afrique.

La part des dépenses publiques dans le PIB du Gabon était de 18,8% dans les années 1990, se situant au 68ème rang mondial à égalité avec le Burkina Faso (18,7%).

Les dépense de consommation publique par habitant au Gabon s'élevaient à 995 dollars dans les années 1990, au 65ème rang mondial à égalité avec la Tchéquie (1 016,7 de dollars), Micronésie (1 016,9 de dollars). Les dépenses publiques par habitant au Gabon étaient plus que les dépense de consommation publique par habitant dans le monde (823,9 US$) de 20,8%, et plus de 8,0 fois supérieur au dépense de consommation publique par habitant en Afrique (124,7 US$).

La croissance des dépenses publiques au Gabon était de 3.1% dans les années 1990, se situant au 78ème rang mondial à égalité avec la Dominique (3,0%), l'Australie (3,1%). La croissance des dépenses publiques au Gabon (3,1%) était supérieure à celle des dépenses publiques dans le monde (1,9%), et supérieure à celle des dépenses publiques en Afrique (1,6%).

Comparaison avec les voisins. Les dépense de consommation publique du Gabon étaient supérieure à celle de la république du Congo (720,0 millions de dollars) et de la Guinée équatoriale (36,0 millions de dollars); mais inférieure à celle du Cameroun (1,1 milliards de dollars). Les dépense publique par habitant au Gabon étaient supérieure à celle de la république du Congo (259,8 de dollars), du Cameroun (85,7 de dollars) et de la Guinée équatoriale (71,8 de dollars). La croissance des dépenses publiques au Gabon était supérieure à celle du Cameroun (2,2%) et de la république du Congo (-2,5%); mais inférieure à celle de la Guinée équatoriale (6,8%).

Comparaison avec les leaders. Les dépense de consommation publique du Gabon étaient inférieure à celle des États-Unis (1,1 billions de dollars), du Japon (651,8 milliards de dollars), de l'Allemagne (419,6 milliards de dollars), de la France (325,4 milliards de dollars) et du Royaume-Uni (234,5 milliards de dollars). Les dépense de consommation publique par habitant au Gabon étaient inférieure à celle de la France (5 439,3 de dollars), de l'Allemagne (5 197,9 de dollars), du Japon (5 168,6 de dollars), des États-Unis (4 280,2 de dollars) et du Royaume-Uni (4 048,1 de dollars). La croissance des dépenses publiques au Gabon était supérieure à celle du Japon (3,0%), de l'Allemagne (2,4%), de la France (1,8%), du Royaume-Uni (1,6%) et des États-Unis (1,3%).

Les années 2000

Les dépense de consommation publique du Gabon étaient de 1,3 milliards de dollars par an dans les années 2000, au 116ème rang mondial à égalité avec Macao (1,3 milliards de dollars). La part dans le monde était de 0,016% et de 0,86% en Afrique.

La part des dépenses publiques dans le PIB du Gabon était de 14,2% dans les années 2000, se situant au 121ème rang mondial à égalité avec Saint-Christophe-et-Niévès (14,1%), le Bénin (14,1%), le Salvador (14,3%).

Les dépense publique par habitant au Gabon s'élevaient à 921.7 dollars dans les années 2000, au 82ème rang mondial à égalité avec les Maldives (927,4 de dollars), les Caraïbes (913,4 de dollars), la Turquie (905,9 de dollars). Les dépense publique par habitant au Gabon étaient moins que les dépenses publiques par habitant dans le monde (1 200,7 US$) de 23,2%, et plus de 5,6 fois supérieur au dépense publique par habitant en Afrique (163,2 US$).

La croissance des dépenses publiques au Gabon était de 3.8% dans les années 2000, se situant au 95ème rang mondial à égalité avec le Yémen (3,8%), la Mélanésie (3,8%). La croissance des dépenses publiques au Gabon (3,8%) était supérieure à celle des dépenses publiques dans le monde (3,0%), et inférieure à celle des dépenses publiques en Afrique (5,0%).

Comparaison avec les voisins. Les dépenses publiques du Gabon étaient supérieure à celle du Congo (946,1 millions de dollars) et de la Guinée équatoriale (644,6 millions de dollars); mais inférieure à celle du Cameroun (1,9 milliards de dollars). Les dépense de consommation publique par habitant au Gabon étaient supérieure à celle de la Guinée équatoriale (859,8 de dollars), du Congo (256,0 de dollars) et du Cameroun (111,8 de dollars). La croissance des dépenses publiques au Gabon était supérieure à celle de la république du Congo (2,1%); mais inférieure à celle de la Guinée équatoriale (16,3%) et du Cameroun (5,7%).

Comparaison avec les leaders. Les dépense de consommation publique du Gabon étaient inférieure à celle des États-Unis (1,9 billions de dollars), du Japon (844,2 milliards de dollars), de l'Allemagne (520,1 milliards de dollars), de la France (479,9 milliards de dollars) et du Royaume-Uni (452,3 milliards de dollars). Les dépenses publiques par habitant au Gabon étaient inférieure à celle de la France (7 606,0 de dollars), du Royaume-Uni (7 485,0 de dollars), du Japon (6 585,9 de dollars), des États-Unis (6 543,7 de dollars) et de l'Allemagne (6 384,1 de dollars). La croissance des dépenses publiques au Gabon était supérieure à celle du Royaume-Uni (3,1%), des États-Unis (2,2%), du Japon (1,7%), de la France (1,7%) et de l'Allemagne (1,4%).

Les années 2010

Les dépense publique du Gabon étaient de 2,2 milliards de dollars par an dans les années 2010, se situant au 125ème rang mondial à égalité avec le Népal (2,2 milliards de dollars), la Géorgie (2,2 milliards de dollars), la Polynésie (2,2 milliards de dollars). La part dans le monde était de 0,017% et de 0,68% en Afrique.

La part des dépenses publiques dans le PIB du Gabon était de 13,7% dans les années 2010, se situant au 147ème rang mondial à égalité avec le Tadjikistan (13,7%), l'Uruguay (13,8%).

Les dépense publique par habitant au Gabon s'élevaient à 1192.7 dollars dans les années 2010, au 100ème rang mondial. Les dépense publique par habitant au Gabon étaient moins que les dépense de consommation publique par habitant dans le monde (1 744,2 US$) de 31,6%, et plus de 4,2 fois supérieur au dépense publique par habitant en Afrique (282,2 US$).

La croissance des dépenses publiques au Gabon était de 1.9% dans les années 2010, se situant au 118ème rang mondial. La croissance des dépenses publiques au Gabon (1,9%) était inférieure à celle des dépenses publiques dans le monde (2,2%), et inférieure à celle des dépenses publiques en Afrique (2,9%).

Comparaison avec les voisins. Les dépense de consommation publique du Gabon étaient 9,2% supérieures à celles de la république du Congo (2,0 milliards de dollars); mais 41,6% inférieures à celles du Cameroun (3,8 milliards de dollars) et 21,5% inférieures à celles de la Guinée équatoriale (2,8 milliards de dollars). Les dépenses publiques par habitant au Gabon étaient 2,9 fois supérieures à celles du Congo (417,4 de dollars) et 7,0 fois supérieures à celles du Cameroun (170,9 de dollars); mais 2,1 fois inférieures à celles de la Guinée équatoriale (2 506,1 de dollars). La croissance des dépenses publiques au Gabon était inférieure à celle de la république du Congo (12,1%), de la Guinée équatoriale (5,9%) et du Cameroun (4,1%).

Comparaison avec les leaders. Les dépense publique du Gabon étaient 1 177,8 fois inférieures à celles des États-Unis (2,6 billions de dollars), 626,0 fois inférieures à celles de la Chine (1,4 billions de dollars), 470,2 fois inférieures à celles du Japon (1,0 billions de dollars), 320,1 fois inférieures à celles de l'Allemagne (712,1 milliards de dollars) et 287,3 fois inférieures à celles de la France (639,3 milliards de dollars). Les dépense publique par habitant au Gabon étaient 18,9% supérieures à celles de la Chine (1 002,8 de dollars); mais 8,1 fois inférieures à celles de la France (9 633,8 de dollars), 7,3 fois inférieures à celles de l'Allemagne (8 735,6 de dollars), 6,9 fois inférieures à celles des États-Unis (8 247,4 de dollars) et 6,9 fois inférieures à celles du Japon (8 170,1 de dollars). La croissance des dépenses publiques au Gabon était supérieure à celle du Japon (1,3%), de la France (1,3%) et des États-Unis (-0,15%); mais inférieure à celle de la Chine (9,1%) et de l'Allemagne (1,9%).

Chapitre XIII. Dépenses de consommation des ménages

La dépense de consommation des ménages

Les dépense des ménages du Gabon sont passées de 472,7 millions de dollars dans les années 1970 à 5,6 milliards de dollars par an dans les années 2010, soit une augmentation de 5,1 milliards de dollars ou de 11,8 fois. La variation a été de 4,2 milliards de dollars en raison de l'augmentation de 4,1 fois des prix, et de -5,3 millions de dollars en raison de la baisse de productivité de 1,00 fois, et de 891,3 millions de dollars en raison de la croissance démographique. La croissance annuelle moyenne des dépenses de consommation des ménages était de 3,2%. Les dépenses de consommation des ménages minimum étaient de 121,0 millions de dollars en 1970. Les dépenses de consommation des ménages maximum étaient de 6,6 milliards de dollars en 2018.

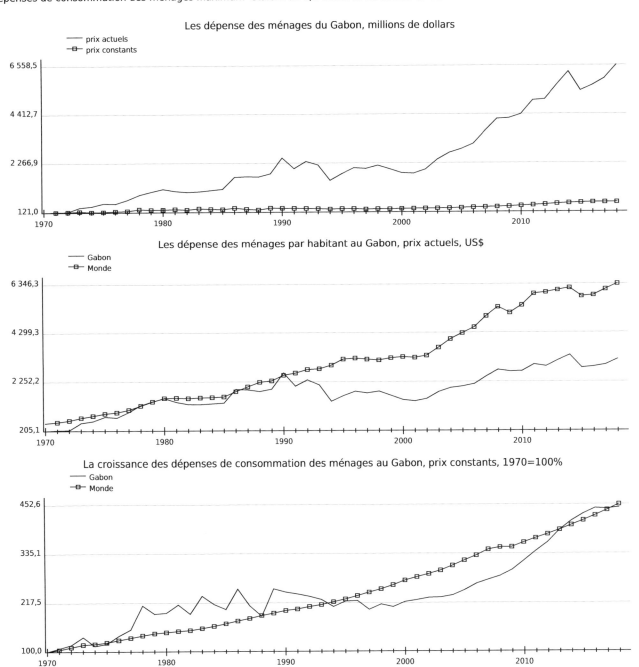

Les dépense des ménages du Gabon, millions de dollars

Les dépense des ménages par habitant au Gabon, prix actuels, US$

La croissance des dépenses de consommation des ménages au Gabon, prix constants, 1970=100%

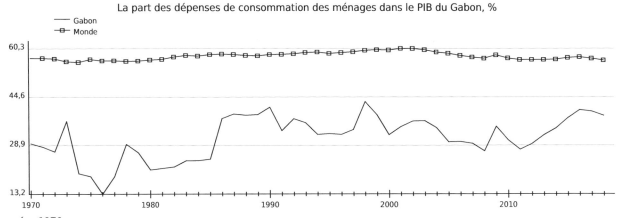

Les années 1970

Les dépense des ménages du Gabon étaient de 472,7 millions de dollars par an dans les années 1970, au 119ème rang mondial à égalité avec le Salvador (462,3 millions de dollars), d'Oman (483,7 millions de dollars). La part dans le monde était de 0,013% et de 0,43% en Afrique.

La part des dépenses de consommation des ménages dans le PIB du Gabon était de 22,2% dans les années 1970, au 179ème rang mondial.

Les dépenses de consommation des ménages par habitant au Gabon s'élevaient à 731.2 dollars dans les années 1970, au 76ème rang mondial à égalité avec la Namibie (729,5 de dollars), l'Amérique du Sud (740,2 de dollars), l'Afrique du Sud (742,9 de dollars). Les dépenses de consommation des ménages par habitant au Gabon étaient moins que les dépense des ménages par habitant dans le monde (914,9 US$) de 20,1%, et plus de 2,7 fois supérieur au dépenses de consommation des ménages par habitant en Afrique (268,5 US$).

La croissance des dépenses de consommation des ménages au Gabon était de 7.5% dans les années 1970, au 33ème rang mondial à égalité avec les Fidji (7,5%), la Corée du Sud (7,5%), le Venezuela (7,5%). La croissance des dépenses de consommation des ménages au Gabon (7,5%) était supérieure à celle des dépenses de consommation des ménages dans le monde (4,1%), et supérieure à celle des dépenses de consommation des ménages en Afrique (3,9%).

Comparaison avec les voisins. Les dépenses de consommation des ménages du Gabon étaient supérieure à celle de la Guinée équatoriale (22,0 millions de dollars); mais inférieure à celle du Cameroun (2,5 milliards de dollars) et de la république du Congo (543,7 millions de dollars). Les dépenses de consommation des ménages par habitant au Gabon étaient supérieure à celle du Congo (346,2 de dollars), du Cameroun (343,0 de dollars) et de la Guinée équatoriale (81,6 de dollars). La croissance des dépenses de consommation des ménages au Gabon était supérieure à celle du Cameroun (6,6%), du Congo (4,3%) et de la Guinée équatoriale (2,2%).

Comparaison avec les leaders. Les dépenses de consommation des ménages du Gabon étaient inférieure à celle des États-Unis (1,0 billions de dollars), de l'URSS (310,6 milliards de dollars), du Japon (280,9 milliards de dollars), de l'Allemagne (277,8 milliards de dollars) et de la France (180,7 milliards de dollars). Les dépenses de consommation des ménages par habitant au Gabon étaient inférieure à celle des États-Unis (4 741,7 de dollars), de l'Allemagne (3 526,9 de dollars), de la France (3 356,3 de dollars), du Japon (2 522,8 de dollars) et de l'URSS (1 230,7 de dollars). La croissance des dépenses de consommation des ménages au Gabon était supérieure à celle du Japon (5,1%), de l'URSS (4,7%), de la France (4,0%), des États-Unis (3,6%) et de l'Allemagne (3,6%).

Les années 1980

Les dépense des ménages du Gabon étaient de 1,3 milliards de dollars par an dans les années 1980, au 117ème rang mondial à égalité avec le Mali (1,3 milliards de dollars). La part dans le monde était de 0,015% et de 0,49% en Afrique.

La part des dépenses de consommation des ménages dans le PIB du Gabon était de 28,8% dans les années 1980, se situant au 180ème rang mondial.

Les dépense des ménages par habitant au Gabon s'élevaient à 1610.6 dollars dans les années 1980, au 68ème rang mondial à égalité avec le Panama (1 615,0 de dollars), la Tchécoslovaquie (1 604,0 de dollars), le Venezuela (1 631,3 de dollars). Les dépenses de consommation des ménages par habitant au Gabon étaient moins que les dépense des ménages par habitant dans le monde (1 807,3 US$) de 10,9%, et plus de 3,3 fois supérieur au dépense des ménages par habitant en Afrique (493,2 US$).

La croissance des dépenses de consommation des ménages au Gabon était de 2.8% dans les années 1980, au 100ème rang mondial à égalité avec la Zambie (2,8%), la Colombie (2,8%), le Togo (2,8%). La croissance des dépenses de consommation des ménages au Gabon (2,8%) était inférieure à celle des dépenses de consommation des ménages dans le monde (3,0%), et supérieure à celle des dépenses de consommation des ménages en Afrique (2,4%).

Comparaison avec les voisins. Les dépense des ménages du Gabon étaient supérieure à celle de la Guinée équatoriale (63,9 millions de dollars); mais inférieure à celle du Cameroun (7,2 milliards de dollars) et de la république du Congo (1,5 milliards de dollars). Les dépense des ménages par habitant au Gabon étaient supérieure à celle du Congo (737,2 de dollars), du Cameroun (721,7 de dollars) et de la Guinée équatoriale (187,3 de dollars). La croissance des dépenses de consommation des ménages au Gabon était supérieure à celle du Cameroun (1,8%); mais inférieure à celle du Congo (5,9%) et de la Guinée équatoriale (3,5%).

Comparaison avec les leaders. Les dépenses de consommation des ménages du Gabon étaient inférieure à celle des États-Unis (2,6 billions de dollars), du Japon (945,6 milliards de dollars), de l'Allemagne (575,7 milliards de dollars), de l'URSS (424,6 milliards de dollars) et du Royaume-Uni (416,5 milliards de dollars). Les dépenses de consommation des ménages par habitant au Gabon étaient supérieure à celle de l'URSS (1 541,4 de dollars); mais inférieure à celle des États-Unis (10 889,3 de dollars), du Japon (7 795,9 de dollars), de l'Allemagne (7 375,5 de dollars) et du Royaume-Uni (7 369,1 de dollars). La croissance des dépenses de consommation des ménages au Gabon était supérieure à celle de l'Allemagne (1,8%); mais inférieure à celle du Japon (3,7%), du Royaume-Uni (3,5%), des États-Unis (3,2%) et de l'URSS (3,0%).

Les années 1990

Les dépense des ménages du Gabon étaient de 2,1 milliards de dollars par an dans les années 1990, se situant au 138ème rang mondial à égalité avec Malte (2,1 milliards de dollars), la Polynésie française (2,1 milliards de dollars), le Niger (2,1 milliards de dollars). La part dans le monde était de 0,012% et de 0,55% en Afrique.

La part des dépenses de consommation des ménages dans le PIB du Gabon était de 36,2% dans les années 1990, se situant au 203ème rang mondial.

Les dépenses de consommation des ménages par habitant au Gabon s'élevaient à 1918.2 dollars dans les années 1990, se situant au 83ème rang mondial à égalité avec le Belize (1 917,4 de dollars), l'Afrique australe (1 924,4 de dollars), les Tonga (1 909,9 de dollars). Les dépenses de consommation des ménages par habitant au Gabon étaient moins que les dépense des ménages par habitant dans le monde (2 961,3 US$) de 35,2%, et plus de 3,6 fois supérieur au dépense des ménages par habitant en Afrique (527,9 US$).

La croissance des dépenses de consommation des ménages au Gabon était de -1.9% dans les années 1990, au 181ème rang mondial à égalité avec les Kiribati (-1,9%), la Lituanie (-1,9%). La croissance des dépenses de consommation des ménages au Gabon (-1,9%) était inférieure à celle des dépenses de consommation des ménages dans le monde (3,0%), et inférieure à celle des dépenses de consommation des ménages en Afrique (2,6%).

Comparaison avec les voisins. Les dépenses de consommation des ménages du Gabon étaient supérieure à celle de la république du Congo (1,6 milliards de dollars) et de la Guinée équatoriale (147,1 millions de dollars); mais inférieure à celle du Cameroun (7,6 milliards de dollars). Les dépenses de consommation des ménages par habitant au Gabon étaient supérieure à celle du Cameroun (572,6 de dollars), de la république du Congo (559,7 de dollars) et de la Guinée équatoriale (293,6 de dollars). La croissance des dépenses de consommation des ménages au Gabon était inférieure à celle de la Guinée équatoriale (16,7%), du Congo (0,90%) et du Cameroun (0,62%).

Comparaison avec les leaders. Les dépense des ménages du Gabon étaient inférieure à celle des États-Unis (4,9 billions de dollars), du Japon (2,3 billions de dollars), de l'Allemagne (1,2 billions de dollars), du Royaume-Uni (884,2 milliards de dollars) et de la France (783,0 milliards de dollars). Les dépenses de consommation des ménages par habitant au Gabon étaient inférieure à celle des États-Unis (18 508,2 de dollars), du Japon (18 168,8 de dollars), du Royaume-Uni (15 265,3 de dollars), de l'Allemagne (15 142,0 de dollars) et de la France (13 088,2 de dollars). La croissance des dépenses de consommation des ménages au Gabon était inférieure à celle des États-Unis (3,4%), du Royaume-Uni (2,8%), de l'Allemagne (2,1%), du Japon (1,8%) et de la France (1,8%).

Les années 2000

Les dépense des ménages du Gabon étaient de 2,9 milliards de dollars par an dans les années 2000, au 144ème rang mondial. La part dans le monde était de 0,011% et de 0,43% en Afrique.

La part des dépenses de consommation des ménages dans le PIB du Gabon était de 31,9% dans les années 2000, au 203ème rang mondial.

Les dépenses de consommation des ménages par habitant au Gabon s'élevaient à 2069.7 dollars dans les années 2000, se situant au 109ème rang mondial à égalité avec le Suriname (2 069,8 de dollars), les Tuvalu (2 105,2 de dollars), la Jordanie (2 033,4 de dollars). Les dépense des ménages par habitant au Gabon étaient moins que les dépenses de consommation des ménages par habitant dans le monde (4 207,2 US$) de 2,0 fois, et plus de 2,8 fois supérieur au dépense des ménages par habitant en Afrique (728,4 US$).

La croissance des dépenses de consommation des ménages au Gabon était de 3.6% dans les années 2000, au 119ème rang mondial à égalité avec les Kiribati (3,6%), le Malawi (3,6%), le Niger (3,6%). La croissance des dépenses de consommation des ménages au Gabon (3,6%) était supérieure à celle des dépenses de consommation des ménages dans le monde (3,0%), et inférieure à celle des dépenses de consommation des ménages en Afrique (6,0%).

Comparaison avec les voisins. Les dépenses de consommation des ménages du Gabon étaient supérieure à celle du Congo (2,3 milliards de dollars) et de la Guinée équatoriale (1,8 milliards de dollars); mais inférieure à celle du Cameroun (12,1 milliards de dollars). Les dépenses de consommation des ménages par habitant au Gabon étaient supérieure à celle du Cameroun (702,5 de dollars) et de la république du Congo (610,3 de dollars); mais inférieure à celle de la Guinée équatoriale (2 338,8 de dollars). La croissance des dépenses de consommation des ménages au Gabon était inférieure à celle de la république du Congo (8,5%), de la Guinée équatoriale (7,5%) et du Cameroun (3,7%).

Comparaison avec les leaders. Les dépense des ménages du Gabon étaient inférieure à celle des États-Unis (8,5 billions de dollars), du Japon (2,6 billions de dollars), de l'Allemagne (1,5 billions de dollars), du Royaume-Uni (1,5 billions de dollars) et de la France (1,1 billions de dollars). Les dépenses de consommation des ménages par habitant au Gabon étaient inférieure à celle des États-Unis (28 789,4 de dollars), du Royaume-Uni (24 980,4 de dollars), du Japon (20 354,5 de dollars), de l'Allemagne (18 895,5 de dollars) et de la France (18 064,0 de dollars). La croissance des dépenses de consommation des ménages au Gabon était supérieure à celle des États-Unis (2,4%), du Royaume-Uni (2,1%), de la France (2,0%), du Japon (0,81%) et de l'Allemagne (0,46%).

Les années 2010

Les dépenses de consommation des ménages du Gabon étaient de 5,6 milliards de dollars par an dans les années 2010, se situant au 147ème rang mondial à égalité avec Malte (5,5 milliards de dollars), le Malawi (5,6 milliards de dollars). La part dans le monde était de 0,013% et de 0,37% en Afrique.

La part des dépenses de consommation des ménages dans le PIB du Gabon était de 34,3% dans les années 2010, se situant au 199ème rang mondial à égalité avec l'Arabie saoudite (34,6%).

Les dépense des ménages par habitant au Gabon s'élevaient à 2981.2 dollars dans les années 2010, se situant au 123ème rang mondial à égalité avec la Géorgie (2 976,4 de dollars), l'Asie (2 945,2 de dollars), l'Iran (2 909,0 de dollars). Les dépense des ménages par habitant au Gabon étaient moins que les dépense des ménages par habitant dans le monde (5 976,0 US$) de 2,0 fois, et plus de 2,3 fois supérieur au dépenses de consommation des ménages par habitant en Afrique (1 276,2 US$).

La croissance des dépenses de consommation des ménages au Gabon était de 4.6% dans les années 2010, au 55ème rang mondial à égalité avec le Kirghizistan (4,6%), le Botswana (4,7%). La croissance des dépenses de consommation des ménages au Gabon (4,6%) était supérieure à celle des dépenses de consommation des ménages dans le monde (2,9%), et supérieure à celle des dépenses de consommation des ménages en Afrique (3,6%).

Comparaison avec les voisins. Les dépense des ménages du Gabon étaient 6,8% supérieures à celles de la Guinée équatoriale (5,2 milliards de dollars) et 19,9% supérieures à celles du Congo (4,6 milliards de dollars); mais 4,0 fois inférieures à celles du Cameroun (22,4 milliards de dollars). Les dépense des ménages par habitant au Gabon étaient 3,0 fois supérieures à celles du Cameroun (1 005,5 de dollars) et 3,1 fois supérieures à celles de la république du Congo (950,1 de dollars); mais 35,3% inférieures à celles de la Guinée équatoriale (4 607,2 de dollars). La croissance des dépenses de consommation des ménages au Gabon était supérieure à celle du Cameroun (4,4%) et du Congo (-7,9%); mais inférieure à celle de la Guinée équatoriale (6,0%).

Comparaison avec les leaders. Les dépense des ménages du Gabon étaient 2 144,0 fois inférieures à celles des États-Unis (11,9 billions de dollars), 682,9 fois inférieures à celles de la Chine (3,8 billions de dollars), 541,0 fois inférieures à celles du Japon (3,0 billions de dollars), 350,3 fois inférieures à celles de l'Allemagne (1,9 billions de dollars) et 321,1 fois inférieures à celles du Royaume-Uni (1,8 billions de dollars). Les dépense des ménages par habitant au Gabon étaient 9,0% supérieures à celles de la Chine (2 734,8 de dollars); mais 12,6 fois inférieures à celles des États-Unis (37 528,5 de dollars), 9,2 fois inférieures à celles du Royaume-Uni (27 477,6 de dollars), 8,0 fois inférieures à celles de l'Allemagne (23 899,3 de dollars) et 7,9 fois inférieures à celles du Japon (23 497,3 de dollars). La croissance des dépenses de consommation des ménages au Gabon était supérieure à celle des États-Unis (2,4%), du Royaume-Uni (2,0%), de l'Allemagne (1,4%) et du Japon (0,74%); mais inférieure à celle de la Chine (8,5%).

Chapitre XIV. Consommation de nourriture

Au cours de la période de recherche, la consommation alimentaire des produits suivants a augmenté: noix (de 3,6 fois), céréales (de 2,4 fois), lait (de 84,2%), stimulants (de 75,6%), œufs (de 74,0%), viande (de 36,3%), sucre (de 35,6%), légumes (de 30,5%), alcool (de 17,7%), huiles végétales (de 12,2%), poisson (de 11,5%), mais diminué pour les produits suivants: légumineuses (de 1,7%), fruits (de 11,6%), racines riches (de 35,1%), épices (de 60,0%).

Voici les coefficients de corrélation entre le RNB par habitant à prix constants et la consommation alimentaire: légumes (0.923), viande (0.891), céréales (0.864), lait (0.823), stimulants (0.608), huiles végétales (0.462), œufs (0.284), noix (0.184), sucre (0.061), légumineuses (-0.02), poisson (-0.02), alcool (-0.091), épices (-0.378), fruits (-0.622), racines riches (-0.662).

Les années 1970

L'apport calorique au Gabon était de 2 125,8 kcal/jour par habitant dans les années 1970, au 103ème rang mondial à égalité avec l'Afrique (2 120,4 kcal/jour par habitant), le Pérou (2 116,5 kcal/jour par habitant), le Lesotho (2 139,8 kcal/jour par habitant). L'apport calorique au Gabon était inférieur à celui dans le monde (2 403,2 kcal/jour par habitant), et était supérieur à celui en Afrique (2 120,4 kcal/jour par habitant). L'apport calorique avait la structure suivante: racines riches (29.1%), fruits (18.9%), céréales (17.6%), viande (7.9%), huiles végétales (6.1%), et d'autres (20.4%).

L'apport en protéines au Gabon était de 59,0 g/jour par habitant dans les années 1970, au 85ème rang mondial à égalité avec l'Irak (59,1 g/jour par habitant), le Nicaragua (59,1 g/jour par habitant), le Pakistan (59,2 g/jour par habitant). L'apport en protéines au Gabon était inférieur à celui dans le monde (65,0 g/jour par habitant), et était supérieur à celui en Afrique (54,9 g/jour par habitant). L'apport en protéines avait la structure suivante: viande (36.9%), céréales (17.1%), poisson (15.9%), racines riches (11.2%), fruits (6.4%), et d'autres (12.5%).

Consommation de graisse au Gabon était de 37,7 g/jour par habitant dans les années 1970, au 120ème rang mondial. Consommation de graisse au Gabon était inférieur à celui dans le monde (55,1 g/jour par habitant), et était inférieur à celui en Afrique (43,8 g/jour par habitant). Consommation de graisse avait la structure suivante: huiles végétales (39.2%), viande (22%), poisson (6.9%), céréales (5.4%), lait (3.7%), et d'autres (22.8%).

Voici les niveaux de consommation alimentaire dans le classement mondial: 10ème - fruits (174,7 kg/habitant/an), 12ème - racines riches (229,3 kg/habitant/an), 22ème - poisson (30,4 kg/habitant/an), 27ème - alcool (73,1 kg/habitant/an), 41ème - viande (49,1 kg/habitant/an), 82ème - légumes (34,9 kg/habitant/an), 89ème - huiles végétales (5,4 kg/habitant/an), 113ème - stimulants (0,56 kg/habitant/an), 115ème - lait (18,1 kg/habitant/an), 116ème - sucre (11,7 kg/habitant/an), 125ème - noix (0,014 kg/habitant/an), 127ème - œufs (0,70 kg/habitant/an), 133ème - épices (0,032 kg/habitant/an), 143ème - céréales (47,7 kg/habitant/an), 144ème - légumineuses (0,23 kg/habitant/an).

Les années 1980

L'apport calorique au Gabon était de 2 412,4 kcal/jour par habitant dans les années 1980, au 84ème rang mondial à égalité avec l'Eswatini (2 415,6 kcal/jour par habitant), l'Indonésie (2 419,9 kcal/jour par habitant), la Guinée (2 421,3 kcal/jour par habitant). L'apport calorique au Gabon était inférieur à celui dans le monde (2 572,3 kcal/jour par habitant), et était supérieur à celui en Afrique (2 241,9 kcal/jour par habitant). L'apport calorique avait la structure suivante: céréales (21.2%), racines riches (19.1%), fruits (17.5%), viande (9.3%), sucre (8.5%), et d'autres (24.4%).

L'apport en protéines au Gabon était de 72,5 g/jour par habitant dans les années 1980, se situant au 63ème rang mondial à égalité avec la Corée du Nord (72,5 g/jour par habitant), l'Afrique australe (72,7 g/jour par habitant), Cuba (72,7 g/jour par habitant). L'apport en protéines au Gabon était supérieur à celui dans le monde (69,1 g/jour par habitant), et était supérieur à celui en Afrique (57,5 g/jour par habitant). L'apport en protéines avait la structure suivante: viande (33.9%), céréales (18.9%), poisson (16.5%), racines riches (7.1%), fruits (5.4%), et d'autres (18.2%).

Consommation de graisse au Gabon était de 45,4 g/jour par habitant dans les années 1980, au 105ème rang mondial à égalité avec la Corée du Sud (45,3 g/jour par habitant), le Pérou (45,6 g/jour par habitant), le Botswana (45,7 g/jour par habitant). Consommation de graisse au Gabon était inférieur à celui dans le monde (63,2 g/jour par habitant), et était inférieur à celui en Afrique (46,6 g/jour par habitant). Consommation de graisse avait la structure suivante: viande (29.1%), huiles végétales (27%), poisson (6.7%), céréales (4.9%), lait (3.5%), et d'autres (28.8%).

Voici les niveaux de consommation alimentaire dans le classement mondial: 8ème - fruits (183,0 kg/habitant/an), 14ème - alcool (124,5 kg/habitant/an), 15ème - poisson (41,1 kg/habitant/an), 41ème - viande (58,7 kg/habitant/an), 87ème - légumes (38,0 kg/habitant/an), 99ème - sucre (22,0 kg/habitant/an), 105ème - œufs (1,4 kg/habitant/an), 106ème - stimulants (0,89 kg/habitant/an), 113ème - lait (24,4 kg/habitant/an), 115ème - noix (0,034 kg/habitant/an), 118ème - épices (0,11 kg/habitant/an), 119ème - huiles végétales (4,5 kg/habitant/an), 140ème - céréales (65,7 kg/habitant/an), 145ème - légumineuses (0,23 kg/habitant/an).

Les années 1990

L'apport calorique au Gabon était de 2 558,8 kcal/jour par habitant dans les années 1990, au 85ème rang mondial à égalité avec le Turkménistan (2 554,5 kcal/jour par habitant), les Bahamas (2 569,1 kcal/jour par habitant), Cuba (2 572,5 kcal/jour par habitant). L'apport calorique au Gabon était inférieur à celui dans le monde (2 652,6 kcal/jour par habitant), et était supérieur à celui en Afrique (2 365,6 kcal/jour par habitant). L'apport calorique avait la structure suivante: céréales (28.5%), racines riches (18.3%), fruits (15.2%), viande (7.7%), sucre (6.4%), et d'autres (23.9%).

L'apport en protéines au Gabon était de 75,6 g/jour par habitant dans les années 1990, au 70ème rang mondial à égalité avec l'Est (75,5 g/jour par habitant), la Mongolie (75,8 g/jour par habitant), l'Algérie (76,0 g/jour par habitant). L'apport en protéines au Gabon était supérieur à celui dans le monde (72,1 g/jour par habitant), et était supérieur à celui en Afrique (60,1 g/jour par habitant). L'apport en protéines avait la structure suivante: viande (29.3%), céréales (24%), poisson (15.9%), racines riches (7%), fruits (4.8%), et d'autres (19%).

Consommation de graisse au Gabon était de 50,9 g/jour par habitant dans les années 1990, au 117ème rang mondial à égalité avec les Maldives (50,7 g/jour par habitant), le Salvador (51,1 g/jour par habitant). Consommation de graisse au Gabon était inférieur à celui dans le monde (69,0 g/jour par habitant), et était supérieur à celui en Afrique (48,6 g/jour par habitant). Consommation de graisse avait la structure suivante: huiles végétales (29.3%), viande (22.1%), céréales (5.9%), poisson (5.5%), lait (4.7%), et d'autres (32.5%).

Voici les niveaux de consommation alimentaire dans le classement mondial: 9ème - fruits (170,3 kg/habitant/an), 13ème - poisson (42,6 kg/habitant/an), 16ème - racines riches (176,5 kg/habitant/an), 25ème - alcool (82,0 kg/habitant/an), 54ème - viande (54,2 kg/habitant/an), 106ème - légumes (41,9 kg/habitant/an), 120ème - œufs (1,7 kg/habitant/an), 121ème - sucre (16,8 kg/habitant/an), 126ème - lait (28,0 kg/habitant/an), 130ème - noix (0,16 kg/habitant/an), 144ème - stimulants (0,51 kg/habitant/an), 146ème - épices (0,053 kg/habitant/an), 150ème - céréales (87,9 kg/habitant/an), 158ème - légumineuses (0,25 kg/habitant/an).

Les années 2000

L'apport calorique au Gabon était de 2 688,6 kcal/jour par habitant dans les années 2000, au 91ème rang mondial à égalité avec la Thaïlande (2 687,8 kcal/jour par habitant), le Guyana (2 684,7 kcal/jour par habitant), les Bahamas (2 670,1 kcal/jour par habitant). L'apport calorique au Gabon était inférieur à celui dans le monde (2 765,9 kcal/jour par habitant), et était supérieur à celui en Afrique (2 509,9 kcal/jour par habitant). L'apport calorique avait la structure suivante: céréales (33.2%), racines riches (17.2%), fruits (12.5%), viande (7.8%), huiles végétales (6%), et d'autres (23.3%).

L'apport en protéines au Gabon était de 78,1 g/jour par habitant dans les années 2000, au 82ème rang mondial à égalité avec Cuba (78,1 g/jour par habitant), l'Afrique du Sud (78,2 g/jour par habitant), la Mauritanie (78,3 g/jour par habitant). L'apport en protéines au Gabon était supérieur à celui dans le monde (76,5 g/jour par habitant), et était supérieur à celui en Afrique (65,1 g/jour par habitant). L'apport en protéines avait la structure suivante: viande (28.7%), céréales (28.6%), poisson (12.9%), racines riches (7%), fruits (4%), et d'autres (18.8%).

Consommation de graisse au Gabon était de 55,6 g/jour par habitant dans les années 2000, au 126ème rang mondial à égalité avec la Guinée (55,7 g/jour par habitant), la Guinée-Bissau (55,9 g/jour par habitant), le Liberia (55,2 g/jour par habitant). Consommation de graisse au Gabon était inférieur à celui dans le monde (76,9 g/jour par habitant), et était supérieur à celui en Afrique (52,8 g/jour par habitant). Consommation de graisse avait la structure suivante: huiles végétales (32.9%), viande (22.7%), céréales (7.2%), lait (5.2%), poisson (4.1%), et d'autres (27.9%).

Voici les niveaux de consommation alimentaire dans le classement mondial: 16ème - racines riches (173,5 kg/habitant/an), 18ème - poisson (36,9 kg/habitant/an), 20ème - fruits (150,0 kg/habitant/an), 35ème - alcool (77,1 kg/habitant/an), 61ème - viande (56,7 kg/habitant/an), 127ème - céréales (107,8 kg/habitant/an), 128ème - lait (32,7 kg/habitant/an), 129ème - huiles végétales (6,7 kg/habitant/an), 131ème - sucre (15,8 kg/habitant/an), 138ème - œufs (1,5 kg/habitant/an), 146ème - stimulants (0,79 kg/habitant/an), 147ème - épices (0,11 kg/habitant/an), 150ème - noix (0,11 kg/habitant/an), 161ème - légumineuses (0,56 kg/habitant/an).

Les années 2010

L'apport calorique au Gabon était de 2 782,3 kcal/jour par habitant dans les années 2010, au 89ème rang mondial à égalité avec la Bulgarie (2 784,3 kcal/jour par habitant), l'Asie centrale (2 780,0 kcal/jour par habitant), le Kirghizistan (2 788,5 kcal/jour par habitant). L'apport calorique au Gabon était inférieur à celui dans le monde (2 869,3 kcal/jour par habitant), et était supérieur à celui en Afrique (2 612,5 kcal/jour par habitant). L'apport calorique avait la structure suivante: céréales (34.8%), racines riches (16.2%), fruits (12.2%), viande (8.8%), sucre (5.5%), et d'autres (22.5%).

L'apport en protéines au Gabon était de 83,9 g/jour par habitant dans les années 2010, se situant au 75ème rang mondial à égalité avec l'Afrique du Sud (83,9 g/jour par habitant), les Samoa (84,1 g/jour par habitant), l'Asie centrale (83,4 g/jour par habitant). L'apport en protéines au Gabon était supérieur à celui dans le monde (80,6 g/jour par habitant), et était supérieur à celui en Afrique (69,0 g/jour par habitant). L'apport en protéines avait la structure suivante: viande (30.7%), céréales (28.9%), poisson (11.5%), racines riches (6.5%), fruits (3.8%), et d'autres (18.6%).

Consommation de graisse au Gabon était de 57,2 g/jour par habitant dans les années 2010, au 134ème rang mondial à égalité avec le Nigeria (57,4 g/jour par habitant), Sierra Leone (56,9 g/jour par habitant), le Guyana (57,5 g/jour par habitant). Consommation de graisse au Gabon était inférieur à celui dans le monde (82,4 g/jour par habitant), et était supérieur à celui en Afrique (54,7 g/jour par habitant). Consommation de graisse avait la structure suivante: huiles végétales (28.7%), viande (25.8%), céréales (9.1%), lait (5.1%), poisson (4.3%), et d'autres (27%).

Voici les niveaux de consommation alimentaire dans le classement mondial: 13ème - fruits (156,5 kg/habitant/an), 15ème - racines riches (169,7 kg/habitant/an), 26ème - poisson (33,9 kg/habitant/an), 57ème - viande (67,0 kg/habitant/an), 119ème - céréales (115,2 kg/habitant/an), 126ème - légumes (45,6 kg/habitant/an), 131ème - lait (33,3 kg/habitant/an), 135ème - sucre (15,8 kg/habitant/an), 142ème - stimulants (0,99 kg/habitant/an), 147ème - huiles végétales (6,0 kg/habitant/an), 149ème - œufs (1,2 kg/habitant/an), 158ème - noix (0,050 kg/habitant/an), 164ème - épices (0,020 kg/habitant/an).

Partie V. Reproduction

Indice de Kouchnir, (-) consommation - (+) reproduction

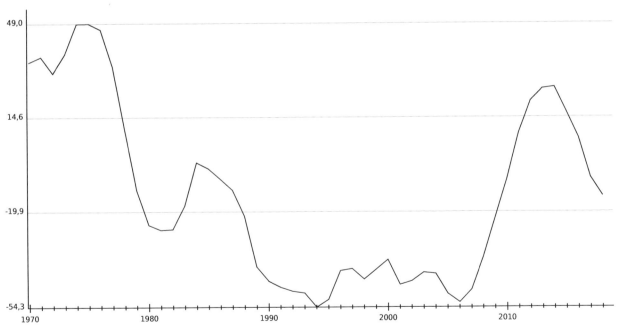

Chapitre XV. Formation brute de capital fixe

La formation brute de capital fixe du Gabon est passé de 833,3 millions de dollars dans les années 1970 à 4,6 milliards de dollars par an dans les années 2010, soit une augmentation de 3,7 milliards de dollars ou de 5,5 fois. La variation a été de 3,2 milliards de dollars en raison de l'augmentation de 3,2 fois des prix, et de -993,0 millions de dollars en raison de la baisse de productivité de 0,59 fois, et de 1,6 milliards de dollars en raison de la croissance démographique. La croissance annuelle moyenne de la formation de capital était de 3,5%. La formation brute de capital fixe minimum était de 133,3 millions de dollars en 1970. La formation brute de capital fixe maximum était de 6,5 milliards de dollars en 2014.

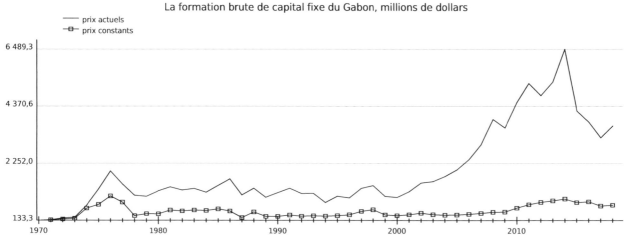

La formation brute de capital fixe du Gabon, millions de dollars

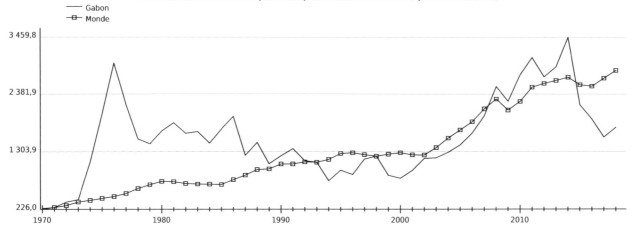

La formation brute de capital fixe par habitant au Gabon, prix actuels, US$

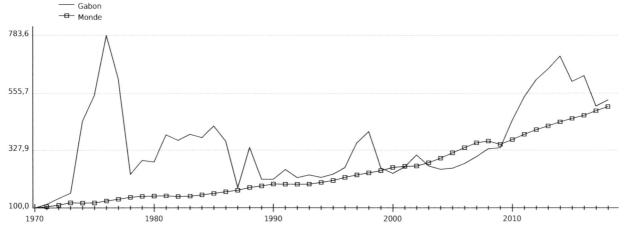

La croissance de la formation de capital au Gabon, prix constants, 1970=100%

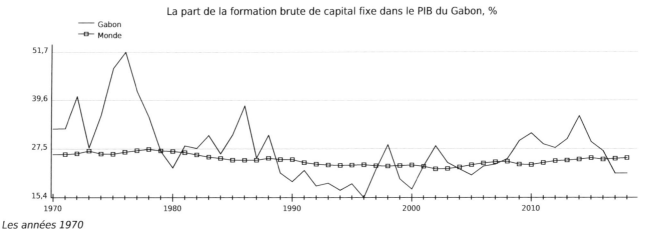

La part de la formation brute de capital fixe dans le PIB du Gabon, %

Les années 1970

La formation brute de capital fixe du Gabon était de 833,3 millions de dollars par an dans les années 1970, au 73ème rang mondial à égalité avec la République dominicaine (829,3 millions de dollars). La part dans le monde était de 0,048% et de 0,70% en Afrique.

La part de la formation de capital dans le PIB du Gabon était de 39,2% dans les années 1970, au 12ème rang mondial à égalité avec la Hongrie (39,3%), le Groenland (39,4%).

La formation brute de capital fixe par habitant au Gabon s'élevait à 1288.9 dollars dans les années 1970, se situant au 30ème rang mondial à égalité avec les Bahamas (1 280,1 de dollars), la Libye (1 267,4 de dollars), l'Europe du Nord (1 310,8 de dollars). La formation brute de capital fixe par habitant au Gabon était plus que la formation brute de capital fixe par habitant dans le monde (433,4 US$) de 3,0 fois, et plus de 4,5 fois supérieur au formation brute de capital fixe par habitant en Afrique (287,4 US$).

La croissance de la formation brute de capital fixe au Gabon était de 12.5% dans les années 1970, au 31ème rang mondial. La croissance de la formation brute de capital fixe au Gabon (12,5%) était supérieure à celle de la formation brute de capital fixe dans le monde (4,2%), et supérieure à celle de la formation de capital en Afrique (6,8%).

Comparaison avec les voisins. La formation brute de capital fixe du Gabon était supérieure à celle de la république du Congo (322,2 millions de dollars) et de la Guinée équatoriale (6,6 millions de dollars); mais inférieure à celle du Cameroun (1,0 milliards de dollars). La formation brute de capital fixe par habitant au Gabon était supérieure à celle de la république du Congo (205,2 de dollars), du Cameroun (137,9 de dollars) et de la Guinée équatoriale (24,5 de dollars). La croissance de la formation de capital au Gabon était supérieure à celle du Cameroun (6,9%), du Congo (5,5%) et de la Guinée équatoriale (2,2%).

Comparaison avec les leaders. La formation brute de capital fixe du Gabon était inférieure à celle des États-Unis (381,9 milliards de dollars), de l'URSS (214,6 milliards de dollars), du Japon (191,6 milliards de dollars), de l'Allemagne (125,8 milliards de dollars) et de la France (82,9 milliards de dollars). La formation brute de capital fixe par habitant au Gabon était supérieure à celle de l'URSS (850,3 de dollars); mais inférieure à celle des États-Unis (1 748,9 de dollars), du Japon (1 720,5 de dollars), de l'Allemagne (1 597,1 de dollars) et de la France (1 538,7 de dollars). La croissance de la formation brute de capital fixe au Gabon était supérieure à celle des États-Unis (4,4%), du Japon (3,9%), de l'URSS (3,2%), de la France (2,7%) et de l'Allemagne (1,5%).

Les années 1980

La formation brute de capital fixe du Gabon était de 1,3 milliards de dollars par an dans les années 1980, se situant au 80ème rang mondial à égalité avec Bahreïn (1,3 milliards de dollars), l'Uruguay (1,3 milliards de dollars). La part dans le monde était de 0,034% et de 0,66% en Afrique.

La part de la formation de capital dans le PIB du Gabon était de 28,1% dans les années 1980, au 43ème rang mondial à égalité avec l'Égypte (28,1%), la Norvège (28,2%), le Portugal (28,0%).

La formation brute de capital fixe par habitant au Gabon s'élevait à 1569.9 dollars dans les années 1980, au 46ème rang mondial à égalité avec l'Irlande (1 558,6 de dollars), d'Oman (1 583,2 de dollars). La formation brute de capital fixe par habitant au Gabon était plus que la formation brute de capital fixe par habitant dans le monde (790,5 US$) de 98,6%, et plus de 4,4 fois supérieur au formation brute de capital fixe par habitant en Afrique (358,8 US$).

La croissance de la formation brute de capital fixe au Gabon était de -2.9% dans les années 1980, au 156ème rang mondial à égalité avec le Qatar (-3,0%), l'Iran (-2,9%). La croissance de la formation de capital au Gabon (-2,9%) était inférieure à celle de la formation de capital dans le monde (2,6%), et supérieure à celle de la formation brute de capital fixe en Afrique (-3,0%).

Comparaison avec les voisins. La formation brute de capital fixe du Gabon était supérieure à celle de la Guinée équatoriale (21,8 millions de dollars); mais inférieure à celle du Cameroun (3,3 milliards de dollars) et de la république du Congo (1,4 milliards de dollars). La formation brute de capital fixe par habitant au Gabon était supérieure à celle du Congo (666,4 de dollars), du Cameroun (330,7 de dollars) et de la Guinée équatoriale (64,1 de dollars). La croissance de la formation brute de capital fixe au Gabon était inférieure à celle de la Guinée équatoriale (2,9%), du Cameroun (1,5%) et de la république du Congo (-0,73%).

Comparaison avec les leaders. La formation brute de capital fixe du Gabon était inférieure à celle des États-Unis (958,4 milliards de dollars), du Japon (571,7 milliards de dollars), de l'URSS (271,0 milliards de dollars), de l'Allemagne (238,1 milliards de dollars) et de la France (164,3 milliards de dollars). La formation brute de capital fixe par habitant au Gabon était supérieure à celle de l'URSS (983,9 de dollars); mais inférieure à celle du Japon (4 713,2 de dollars), des États-Unis (3 996,6 de dollars), de l'Allemagne (3 050,9 de dollars) et de la France (2 898,3 de dollars). La croissance de la formation brute de capital fixe au Gabon était inférieure à celle du Japon (4,8%), des États-Unis (3,1%), de la France (2,4%), de l'URSS (1,7%) et de l'Allemagne (1,4%).

Les années 1990

La formation brute de capital fixe du Gabon était de 1,1 milliards de dollars par an dans les années 1990, au 109ème rang mondial à égalité avec la Bolivie (1,1 milliards de dollars), Trinité-et-Tobago (1,1 milliards de dollars), la Bosnie-Herzégovine (1,1 milliards de dollars). La part dans le monde était de 0,017% et de 0,93% en Afrique.

La part de la formation brute de capital fixe dans le PIB du Gabon était de 20,0% dans les années 1990, se situant au 127ème rang mondial à égalité avec le Mexique (20,0%), la République dominicaine (20,0%), le Danemark (20,0%).

La formation brute de capital fixe par habitant au Gabon s'élevait à 1060.7 dollars dans les années 1990, se situant au 66ème rang mondial à égalité avec la Grenade (1 057,2 de dollars), la Slovaquie (1 052,0 de dollars). La formation brute de capital fixe par habitant au Gabon était moins que la formation brute de capital fixe par habitant dans le monde (1 182,3 US$) de 10,3%, et plus de 6,2 fois supérieur au formation brute de capital fixe par habitant en Afrique (171,5 US$).

La croissance de la formation brute de capital fixe au Gabon était de 1.9% dans les années 1990, se situant au 129ème rang mondial à égalité avec l'Europe du Nord (1,9%), le Burundi (1,9%). La croissance de la formation brute de capital fixe au Gabon (1,9%) était inférieure à celle de la formation de capital dans le monde (2,8%), et inférieure à celle de la formation brute de capital fixe en Afrique (3,0%).

Comparaison avec les voisins. La formation brute de capital fixe du Gabon était supérieure à celle du Congo (679,5 millions de dollars) et de la Guinée équatoriale (224,3 millions de dollars); mais inférieure à celle du Cameroun (2,1 milliards de dollars). La formation brute de capital fixe par habitant au Gabon était supérieure à celle de la Guinée équatoriale (447,7 de dollars), du Congo (245,2 de dollars) et du Cameroun (158,5 de dollars). La croissance de la formation brute de capital fixe au Gabon était supérieure à celle du Cameroun (1,5%); mais inférieure à celle de la Guinée équatoriale (39,5%) et de la république du Congo (3,1%).

Comparaison avec les leaders. La formation brute de capital fixe du Gabon était inférieure à celle des États-Unis (1,6 billions de dollars), du Japon (1,3 billions de dollars), de l'Allemagne (520,7 milliards de dollars), de la France (299,3 milliards de dollars) et du Royaume-Uni (249,6 milliards de dollars). La formation brute de capital fixe par habitant au Gabon était inférieure à celle du Japon (10 425,1 de dollars), de l'Allemagne (6 449,4 de dollars), des États-Unis (6 057,2 de dollars), de la France (5 002,5 de dollars) et du Royaume-Uni (4 309,1 de dollars). La croissance de la formation brute de capital fixe au Gabon était supérieure à celle du Royaume-Uni (1,7%), de la France (1,5%) et du Japon (0,18%); mais inférieure à celle des États-Unis (4,8%) et de l'Allemagne (2,4%).

Les années 2000

La formation brute de capital fixe du Gabon était de 2,2 milliards de dollars par an dans les années 2000, au 115ème rang mondial à égalité avec la Birmanie (2,1 milliards de dollars). La part dans le monde était de 0,020% et de 0,86% en Afrique.

La part de la formation de capital dans le PIB du Gabon était de 24,1% dans les années 2000, se situant au 86ème rang mondial à égalité avec le Tchad (24,1%), le Liechtenstein (24,2%), l'Asie du Sud-Est (24,1%).

La formation brute de capital fixe par habitant au Gabon s'élevait à 1567.3 dollars dans les années 2000, au 79ème rang mondial. La formation brute de capital fixe par habitant au Gabon était moins que la formation brute de capital fixe par habitant dans le monde (1

688,8 US$) de 7,2%, et plus de 5,6 fois supérieur au formation brute de capital fixe par habitant en Afrique (278,3 US$).

La croissance de la formation brute de capital fixe au Gabon était de 2.7% dans les années 2000, se situant au 134ème rang mondial à égalité avec la Nouvelle-Zélande (2,7%). La croissance de la formation de capital au Gabon (2,7%) était inférieure à celle de la formation de capital dans le monde (3,6%), et inférieure à celle de la formation de capital en Afrique (5,9%).

Comparaison avec les voisins. La formation brute de capital fixe du Gabon était inférieure à celle du Cameroun (4,0 milliards de dollars), de la Guinée équatoriale (2,8 milliards de dollars) et de la république du Congo (2,3 milliards de dollars). La formation brute de capital fixe par habitant au Gabon était supérieure à celle du Congo (620,6 de dollars) et du Cameroun (229,7 de dollars); mais inférieure à celle de la Guinée équatoriale (3 679,6 de dollars). La croissance de la formation brute de capital fixe au Gabon était inférieure à celle de la Guinée équatoriale (19,8%), de la république du Congo (13,7%) et du Cameroun (6,3%).

Comparaison avec les leaders. La formation brute de capital fixe du Gabon était inférieure à celle des États-Unis (2,8 billions de dollars), du Japon (1,2 billions de dollars), de la Chine (1,0 billions de dollars), de l'Allemagne (557,7 milliards de dollars) et de la France (463,9 milliards de dollars). La formation brute de capital fixe par habitant au Gabon était supérieure à celle de la Chine (787,5 de dollars); mais inférieure à celle des États-Unis (9 373,3 de dollars), du Japon (8 981,1 de dollars), de la France (7 353,1 de dollars) et de l'Allemagne (6 845,0 de dollars). La croissance de la formation brute de capital fixe au Gabon était supérieure à celle de la France (1,6%), des États-Unis (0,43%), de l'Allemagne (-0,56%) et du Japon (-2,0%); mais inférieure à celle de la Chine (13,4%).

Les années 2010

La formation brute de capital fixe du Gabon était de 4,6 milliards de dollars par an dans les années 2010, se situant au 113ème rang mondial à égalité avec le Sénégal (4,6 milliards de dollars), le Honduras (4,7 milliards de dollars). La part dans le monde était de 0,024% et de 0,90% en Afrique.

La part de la formation brute de capital fixe dans le PIB du Gabon était de 28,2% dans les années 2010, au 39ème rang mondial.

La formation brute de capital fixe par habitant au Gabon s'élevait à 2445.8 dollars dans les années 2010, se situant au 84ème rang mondial à égalité avec le Venezuela (2 457,1 de dollars), Porto Rico (2 460,6 de dollars), les Maldives (2 466,2 de dollars). La formation brute de capital fixe par habitant au Gabon était moins que la formation brute de capital fixe par habitant dans le monde (2 591,8 US$) de 5,6%, et plus de 5,6 fois supérieur au formation brute de capital fixe par habitant en Afrique (433,6 US$).

La croissance de la formation brute de capital fixe au Gabon était de 5.1% dans les années 2010, au 77ème rang mondial. La croissance de la formation brute de capital fixe au Gabon (5,1%) était supérieure à celle de la formation brute de capital fixe dans le monde (4,1%), et supérieure à celle de la formation de capital en Afrique (3,1%).

Comparaison avec les voisins. La formation brute de capital fixe du Gabon était 39,4% inférieure à celui du Congo (7,5 milliards de dollars), 38,5% inférieure à celui du Cameroun (7,4 milliards de dollars) et 12,4% inférieure à celui de la Guinée équatoriale (5,2 milliards de dollars). La formation brute de capital fixe par habitant au Gabon était 58,5% supérieure à celui de la république du Congo (1 543,2 de dollars) et 7,3 fois supérieure à celui du Cameroun (333,3 de dollars); mais 46,9% inférieure à celui de la Guinée équatoriale (4 606,9 de dollars). La croissance de la formation de capital au Gabon était supérieure à celle de la république du Congo (-7,0%) et de la Guinée équatoriale (-15,5%); mais inférieure à celle du Cameroun (6,1%).

Comparaison avec les leaders. La formation brute de capital fixe du Gabon était 966,0 fois inférieure à celui de la Chine (4,4 billions de dollars), 766,9 fois inférieure à celui des États-Unis (3,5 billions de dollars), 264,8 fois inférieure à celui du Japon (1,2 billions de dollars), 162,7 fois inférieure à celui de l'Allemagne (742,3 milliards de dollars) et 150,6 fois inférieure à celui de l'Inde (687,2 milliards de dollars). La formation brute de capital fixe par habitant au Gabon était 4,6 fois supérieure à celui de l'Inde (531,3 de dollars); mais 4,5 fois inférieure à celui des États-Unis (11 012,1 de dollars), 3,9 fois inférieure à celui du Japon (9 436,6 de dollars), 3,7 fois inférieure à celui de l'Allemagne (9 106,0 de dollars) et 22,9% inférieure à celui de la Chine (3 173,3 de dollars). La croissance de la formation brute de capital fixe au Gabon était supérieure à celle des États-Unis (3,9%), de l'Allemagne (2,8%) et du Japon (1,9%); mais inférieure à celle de la Chine (7,7%) et de l'Inde (6,9%).

Printed in Great Britain
by Amazon